信託の世界史

10のテーマで学ぶ
信託とフィデューシャリー・デューティーの起源

三菱UFJ信託銀行
信託博物館事務局長　友松 義信 [著]

一般社団法人 金融財政事情研究会

本書を読み進まれる前に

●●●●「信託」って何だ？

　信託は、あなたの「大切な財産」を「信頼できる人」に託し、あなたの「大切な人」のために、管理・運用してもらう制度です。「誰のために」「何のために」財産を管理・運用してもらうかは、あなたが決めることができます。そして、財産を託された人は、あなたが決めた目的が実現されるよう誠実に管理・運用しなければならないのです。ここで、財産を信託する人を「委託者」、信託された財産を管理・運用する人を「受託者」、信託された財産から生じる利益を受け取る人を「受益者」といいます。図で示すと次ページのようになります。

　信託する財産は、金銭、おカネだけではなく、土地や建物といった不動産、鉄道や船などの動産、株や社債などといった有価証券など、財産的価値のあるものであれば何でもOKです。利益を受け取る人には、託した本人がなることも当然できますが、家族が利益を受け取れるようにすることもできますし、まったく別の第三者、さらに「公益信託」のように不特定多数、社会全体が利益を享受することもできます。信託契約という契約によって設定されることが多いのですが、遺言等でも設定できます。

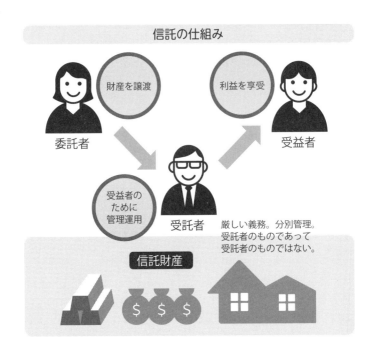

　このようにきわめて便利な制度ですが、信託は、財産を受託者に譲渡することから始まります。つまり、信託している間は、財産は受託者のものになってしまうのです。これによって財産は信託財産となり、委託者のものでなくなりますから、仮に委託者が亡くなったり、破産したりしても信託の仕組みはそのまま続き、受益者の権利（信託から利益を受け取ることができるという権利です）は保護されます。また財産の譲渡を受けた受託者にとっても、譲渡を受けて権利者となったとはいえ、信託財産として自分の個人的財産とは分別して管理しなければな

りません。そして、託された財産の管理・運用に際しては、信託が設定されたときに示された目的（これを信託目的といいます）に従って、受益者のために善良なる管理者として、しかるべき注意を払い、職務に忠実に行動しなければなりません。要するに、「託し」「託される」際の信頼関係を大前提とした制度であり、それを実現するために、安心して託せる仕組みになっているということができるのです。

●●●● 私たちの身の回りにある信託

　信託という言葉はあまりなじみがないかもしれませんが、私たちの身の回りにおいて、信託の仕組みが意外に多く利用されています。たとえば、企業にお勤めの方々の年金のかなりの部分は、「年金信託」という信託の仕組みを使って管理・運用されていますし、株や社債などの有価証券を自分の代わりに運用会社に運用してもらう「投資信託」なども信託です。また街でみかける大規模な商業施設やオフィスビル、マンションなども「不動産管理処分信託」という信託で管理されているケースが多いです。さらに、「ナショナル・トラスト」といって、残念ながら日本ではそれほど活発に利用されているとはいえませんが、ピーターラビットの原作者ビアトリクス・ポターが、その保護に大きな役割を果たしたイギリス湖水地方の自然のように、自然保護、歴史的建造物等の保護にも信託の仕組みが広く活用されているのです。

●●●● 信託はいつどこで誕生したか？

　信託という仕組みは、イギリスが発祥の地で千年近い歴史があるのですが、上記であげた現代の信託は、ここ150年から100年くらい前に誕生したものがほとんどです。幸いなことに、その誕生史は文献が多く残っていますから、これをたどり、さまざまなエピソードに触れることによって、当時の人々が何に悩み、どんなことを実現するために、信託のどのような機能・特性を活用しようとしたか、を学ぶことができます。そこから、信託を利用、活用していくうえで有益なヒントが得られるかもしれません。

博士からのご挨拶

　私は、信託のことをあれこれ調べていて、知っていることを何でも教えたがる目立ちたがり屋のオタク雲竹博士と申します。

　皆さんは、信託という言葉をご存知ですかな。信託はいつ、どこで誕生したのでしょう？　信託は私たちの社会にどんな良いことをしてくれるのでしょうか。信託は、イギリスが発祥地ですが、17・18世紀の西欧諸国による大航海時代、イギリスの海外進出に伴い、英米法諸国と呼ばれる国々に広がっていきました。非常に便利な制度でしたので、いまでは、ドイツ、フランス、中国など英米法以外の国でも信託は利用されるようになっています。日本には、明治の半ば頃に伝わり、はじめは少しずつでしたが、徐々に利用が広まり、いまでは1,000兆円を超える財産が信託で管理・運用されています。したがって、本書で取り上げるお話もイギリス、アメリカおよび日本の話が中心となりますが、「信託が私たちに何をしてくれるのだろう？」とか「信託にどんな歴史があるのだろう？」といったご興味をもたれたあなた、ぜひ、ご一緒に信託の歴史を学んでみませんか。

　この本は、その歴史を彩るいくつかのエピソードを通して信託の魅力を知っていただこうという本です。具体的には、向学

心に燃える若手信託銀行員、コウキ信くんの質問に私が答えるかたちで、三菱UFJ信託銀行信託博物館の付属資料室が所蔵する書籍のいくつかを取り上げ、信託の歴史、エピソードをご紹介いたします。本書は、全部で10話から構成され、投資信託や年金信託など、現在も使われている信託を取り上げて、それがいつ頃、何のために生み出されたかをご案内いたします。それぞれが読切りのかたちとなっていますので、興味をもたれたテーマから自由にお読みください。各章の冒頭で信託に関するどのようなテーマを取り上げているのか、ポイントを簡単にご説明した後、それを考えるにあたり相応しいと判断した本を取り上げ、コウキ信くんと私による問答のかたちで、書籍の内容と関連する信託の歴史をご案内いたします。そして章の末尾に「おさらい」として、その章のまとめを記載する構成となっています。

　それでは、早速、信託の世界を探検してみましょう！

本書の登場人物

オタク雲竹博士

コウキ信くん

信託博物館の付属資料室のインストラクターで、信託の歴史に詳しい本書のストーリーテラー。コウキ信くんがぶつけてくるさまざまな疑問に対して、信託に関する書籍を紹介しながら、やさしく答えてくれます。

信託銀行の若手社員。信託の知識はまだ乏しいですが、好奇心が強いので、もっと信託について知りたいと思っています。博士とのやりとりを通じて自分を成長させたいと思っている前向きな青年です。

　それぞれが舞台となった年代や国・地域については、次ページの年表をご参考としてお使いください。

信託の世界史年表

※ ■のなかが掲載している章の数字です。

古代エジプト／メソポタミア 9

古代ローマ 9

平安（空海） 9

イギリス	アメリカ	日本	
十字軍			11世紀
フランシスコ修道会			13世紀
1536年 ユース法 二重ユース等 豆知識			16世紀
清教徒革命 家産承継信託 6-1 1688年 名誉革命			17世紀
産業革命	1776年 独立宣言 家産承継信託 6-2		18世紀
ビクトリア朝時代 1868年 投資信託 3-1 1895年 ナショナル・トラスト 8	1822年 法人受託者 2 1845年 設備信託 4 1890年 シャーマン反トラスト法 信託会社の台頭	1868年 明治維新 1883年 「信託」の言葉 1 信託会社の登場	19世紀
1900年 年金信託 5 1914-18年 第一次世界大戦 1931年 ユニット・トラスト 1941-45年 第二次世界大戦	年金信託 5 1924年 ミューチュアル・ファンド 3-2 1929年 世界恐慌 1940年 投資会社法 1974年 エリサ法	1922年 信託法・信託業法の制定 7 1954年 普銀からの信託分離	20世紀
フィデューシャリー 10		2000年 投信法・流動化法の改正 2006年 信託法の改正 6-3	21世紀

目　次

本書を読み進まれる前に……………………………………………………1

博士からのご挨拶……………………………………………………………5

❶「信託」という言葉が日本で最初に登場した頃の話 ……12

豆知識　ユースとは？
　　　　　二重ユースって、何ですか？
　　　　　…………………… 18

❷ 最初の法人受託者（アメリカの信託会社）の話 ……………21

❸ 投資信託の誕生史……………………………………………………28

① 「投資信託の父」と呼ばれた男
（会社型もあるのになぜ信託というのか）
……………………28

② ミューチュアル・ファンドが
普及するようになったのはいつ頃か………………………36

❹ 設備信託の誕生史 …………………………………………………45

❺ 年金信託の誕生に関する話 ……………………………………53

❻ 家族信託の話 …………………………………………………………61

① イギリスで「家産承継信託」が
普及するようになったのはいつ頃か
………………………61

② アメリカ人はなぜ
　相続対策に信託を使うのか
　　　　　　　　　　　　　　…………68

③ いま、ちまたに溢れている民事信託、
　家族信託等に関する本の話………………75

❼ 金銭信託の誕生史…………84

❽ ナショナル・トラストの話…………93

① ナショナル・トラストを創設した3人
　　　…………93

② 『ピーターラビット』の作者
　ポターが遺そうとしたもの
　　　………………100

❾ 古代人の遺言と信託の話…………107

豆知識 文学に登場する信託…………114

❿ 「契約か、信託か」フィデューシャリーの話…………120

❶ 「信託」という言葉が日本で最初に登場した頃の話

　信託（英語でtrust（トラスト）といいます）は、いまから千年近く前、中世のイングランド（イギリスの一部）で自然発生的に誕生し、その後広がっていった「ユース（use）」という仕組みが起源といわれています。その歴史については豆知識のコーナーで勉強していただきますが、本章では、英米で発展・普及していったトラストという仕組みが、いったいいつ頃日本に伝わり、信託という言葉で呼ばれるようになったかという疑問、すなわち、日本における信託の出発点について、まず最初に考えてみたいと思います。

戸水寛人著『英國衡平法』

　コウキ信くん　博士、「信託」という言葉はいったいいつ頃から日本で使われるようになったのか気になって、ちょっと調べてみました。すると、『信託法研究』という信託法学会の学会誌13号に、初めて信託という言葉が日本で登場したのは1891（明治24）年で、当時は「信托」という字が使われていたと書かれていました[1]。漢字が現在と少し違いますが、信託という言葉自体は、信託法が制定される以前からあったのですね。でも、同志社大学を創設した新島襄（にいじまじょう）さ

1　田村諄之輔「信託研究事始時代」（信託法研究13号）P.1

んが、妻八重の生活資金に充てるためにと土倉庄三郎（どくらしょうざぶろう）に300円を託したのは1888（明治21）年のことですから、新島襄さんはまだ「信託」という言葉は知らなかったでしょうね。

　博　士　　よく調べておるのぉ。田村先生は、麻島昭一編の「本邦信託文献総目録」を出典として、土子金四郎（つちこきんしろう）という文学士が、1891（明治24）年に国家学会雑誌に「信託会社ノ業務」を発表したのが最初の信託文献だと紹介されておる。そして1900（明治33）年に日本興業銀行法で「信託」という言葉が使われ、徐々に「信託」に統一されていったと書かれておる。

　しかし、もう少しさかのぼると、1886（明治19）年に英吉利法律学校（現在の中央大学）の「英吉利法律講義録」の契約法のところでは、15ページでトラストの訳語に「信託」という漢字を当て、信託の説明をしている[2]。また1888（明治21）年には、戸水寛人という法学士が『英國衡平法』[3]という本を出しており、その中では「信託」という言葉を使って信託法を

2　道垣内弘人「"Trust" という法制度の訳語としての『信託』―中間報告」（『21世紀民事法学の挑戦』加藤雅信先生古稀記念（信山社、2018年）P.261）。同論考によると、明治10（1877）年代後半、留学生や東京帝大の卒業生のなかから、広く学問を学ぶ場として民間学校、通信教育を立ち上げようという動きが起こり、そこでの英国法に係る講義録ではトラストを信託と訳しているものがいくつかあるとのこと（たとえば、1880年につくられた東京法学会が刊行した法律雑誌・明法志林67号（1883年）P.274では土方寧（ひじかたやすし）の「契約の定義」の説明において）。
3　戸水寛人『英國衡平法』（京橋活版社、1888年）

説明されており、文献としてはこちらのほうが古い。

　土子氏はアメリカの信託会社がどんな業務をしているかを紹介しているのに対して、戸水氏はイギリスの信託法について、沿革の説明から始まり、個人の信託、公益信託などさまざまな信託を紹介しているうえに、受託者の役割や義務についてまでコンパクトにまとめている。戸水氏の本は、信託博物館にも展示されておるから、一度みてみるとおもしろいかもしれん。1888（明治21）年の刊行じゃから、新島先生が300円を託したちょうどその頃にトラスト（trust）という言葉を信託と訳していたということになる。

　コウキ信くん　でも、新島先生がその本を読んでいたかどうか、わかりませんよ。新島先生は「信託」という訳語を知らなかったかもしれません。

　博　士　それはそのとおりじゃ。土子氏は、自分がトラストという言葉を最初に信託と訳したと述べておられるくらいじゃから、新島先生はおそらく信託という言葉を知らなかったじゃろう。しかし、新島先生は1870（明治３）年にマサチューセッツ州のアマースト大学を卒業しておるから、トラスト（trust）という言葉を知っていたかもしれぬ。また最初の法人受託者の一つとされるマサチューセッツ病院生命保険会社（❷参照）の存在を知っていた可能性もある。この会社は1850〜60年頃、信託された資金を繊維産業などに長期投資するボストンでは有力な金融機関だったそうじゃから、トラストという言葉だけでなく、ひょっとするとどのような使われ方をして

いたかも知っていた可能性がある。身内のなかで設定される個人的な信託だけでなく、法人受託者による大規模な信託運用が行われておったということを知っていたかもしれないと想像すると、ワクワクするのぉ。

コウキ信くん　そうですね。明治の人は好奇心の旺盛な人が多いですからねぇ。日本にはないけど、役に立ちそうなものは何でも吸収して帰ってこようということはあったのでしょうね。ところで博士、戸水さんの本にはどんなことが書かれていたのですか。

博　士　明治時代の本じゃから、言葉遣いが古めかしくてわかりにくいうえに、旧漢字とカタカナによる記述じゃから、初めての人には抵抗感があるかもしれんのぉ。また信託の起源について、現在はあまり有力でなくなったローマ法起源説を紹介するなど、現在の通説とは違う部分も少しあるから、比較してどうかという読み方をしたほうがよいかもしれん。ただ、英吉利法律学校（現在の中央大学）と専修学校（現在の専修大学）での講義録を基にしたもので、「要するに○○」と当時のイギリスの本を咀嚼して説明してくれているから、概念の理解には役立つと思うぞ。たとえば、信託の起源とされるユースがあまりに広まったため、国王が法律（ユース法）で禁じるようになったとき、人々はこれに対抗するさまざまな便法を使って乗り越えていったのじゃが、その一つに「二重ユース」がある（豆知識を参照）。戸水氏は、これを当初証書に「甲は丁の信託において丙のユースのために乙に土地を与える」（乙と丙の

２人の受託者がいる）と何がなんだかわからぬ表現で書かれていたものが徐々に省略されていき、最終的に「甲は丁の信託において丙に土地を与える」（乙が省略され、丙のみを受託者としている）と書かれるようになったと簡潔にまとめておられるのじゃ。また使われている訳語もおもしろくて、委託者を「信託者」、受託者を「被信託者」、受益者を「益用者」または「信託利益者」、公益信託を「公信託」、ユースを「益用」と訳しておられる。これらはすべていまの用語とは違っておる[4]。まさに過渡期だったのじゃ。

コウキ信くん それにしても、博士。大学を卒業してすぐに、その後大学となる専門性の高い学校で講師を務め、本まで出すなんて、昔の人はすごいですね。

博　士 戸水氏は、1885（明治18）年に東京帝国大学を卒業した後、英吉利法律学校などで英国衡平法の講義をして、1889（明治22）年にヨーロッパに留学して帰国し、帝大の教授となっている。新進気鋭の頃の本ということになるかのぉ。

おさらい

　他人から財産を預かって管理・運用するという仕組みは、古今東西さまざまなところでみられます。英米で広く利用されていた「信託」もその一つですが、この仕組みが伝わる以前の日本にも、類似の仕組みがありました。その話は❾でご紹介しま

4　前掲注3・P.33-35

すが、信託とそれ以外の仕組みとの違いは、財産を受託者に移転するところにあります。財産を移転してしまうので、委託者が亡くなったり、破産しても、信託財産として保護されます。一方、受託者のものとなっても、受託者は、信託財産を自己の固有財産と分別して管理しなければならず、信託設定時に定めた目的に従って誠実に管理し、不正などしてはならないという厳しい義務が課されますから、受益者の権利は保護されるということになります。

　このような一つの法制度としての信託が英米から伝わったのは、明治中頃のことで、そのあたりの歴史を紹介しているのが本章ですが、おもしろいことに「信託」は二つのルートで伝わりました。一つは信託という法概念が伝わったルートで、これはイギリスから伝わりました。もう一つは信託会社等が営む信託業務が伝わったルートで、これはアメリカから伝わりました。両者相前後して日本に伝わり、明治の終わり頃より、信託会社がいくつか設立されるようになりましたが、信託業務とはいえない業務を営みながら、名前だけ信託の看板を掲げている会社も多数出現する事態となり、法律を整備してきちんとした信託業務を営ませよう、ということになったのは大正に入ってからのことです。信託法と信託業法が制定されたのは1922（大正11）年のことでした。

ユースとは？
二重ユースって、何ですか？

　信託は、大切な財産を信頼できる人に託す仕組みです。しかし、「託す・託される」関係は信託に限りません。古今東西さまざまなところにみられました。古くは、古代エジプトのパピルスの書付けにもその痕跡が残っているといわれていますが、信託の直接の起源は、中世のイギリスで利用されていたユース（use）という制度だといわれています。

　ユースがどのようなかたちで利用されていたのかといいますと、たとえば、魂の救済を求めてユースを設定して教会に利益を享受してもらおうという仕組みが広く利用されたといわれています。当時の中世ヨーロッパ社会はキリスト教会が人々の精神世界において大きな存在となっており、多くの人が死後、魂の救済を求めて教会に土地を寄進しようとしたのですが、教会のものになると税金等が得られなくなる国王がこれを禁止したために、代替策として普及したといわれています。また、十字軍の遠征（11～13世紀）やバラ戦争（1455～85年）などで戦地に赴かねばならない兵士たちは、生きて戻れないかもしれない状況のなかで、遺された妻子のために信頼できる友人等にユースを設定して戦地に赴くことが多かったといわれています。

　ユースは、財産を第三者に譲渡するところからはじまりますから、そこには信頼関係が成立している必要があります。贈与するのではなく、大切な人のために使ってほしいからです。しかし、ユースが広く利用されるようになりますと、託された財産を自分のものにしてしまったり、託された内容どおりに行動してくれないケースなども出てきます。そのような信頼関係を踏みにじられた受益者を救済してくれたのがエクイティ裁判所です。その頃のイギリスには大別して二つの裁判制度がありま

した。法律に従って裁かれる「コモン・ロー裁判所」と大法官という高位の裁判官が必ずしも法律に縛られず、良心に従って判断してくれる「エクイティ裁判所」の二つです。ユースの紛争の多くは、このうちのエクイティ裁判所で裁かれました。

受益者を救済する判決が積み重ねられることによって、受益者の権利や受託者の義務が法として形成されていきます。そうなると利用がさらに促進されるようになりますが、封建領主である国王は、ユースの利用によって相続や未成年者が相続する際の後見に際して税を賦課できる機会を奪われてしまいます。そこで国王ヘンリー8世（1491〜1547年）は、「ユース法」を制定してユースによって利益を受ける受益者をその土地の所有者とみなすとし、ユースを設定する意味を失わせようとしたのです。

（ヘンリー8世）

しかしユースは、財産から得られる利益を大切な人に享受させることのできる人々にとって、とても重要な仕組みでしたから、国王に禁止されても何とか禁止の対象外であるとして認めてもらおうとしてさまざまな工夫がなされました。たとえば、ユース法によって受益者の財産とされた土地を譲渡して、さらにそのうえにユースを設定して別の者に利益を享受させた場合（二重ユースといいます）、その二重目のユース受益者は、土地の所有者としてではなく、受益者としての権利を認めるという判決をエクイティ裁判所が下します。また「ユース法は名義だけ所有者となる場合を対象とするのだから、設定されたユースに何らかの能動的な管理または運用が行われている場合（能動ユースといいます）は対象外である」という判決や、さらに「動産や土地の賃貸借権は法の対象外である」といった判決も出るようになり、実質的に復活していきます。

これらの判決を下したのは「良心の裁判所」ともいわれたエクイティ裁判所の大法官でした。判決に際し大法官は、「信頼

（トラスト）」に基づいて設定されたのだから、信頼を裏切らず、託された義務を果たしなさい」とか「受益者の利益は守られるべきである」という点を重視しました。いつしか人々はこの仕組みをキーワードであった「トラスト」という言葉で呼ぶようになりました。こうして信託は、このユースからトラストに変遷していく過程で、今日のような安心して託せる仕組みとなっていったのです。信託の歴史は、信頼できるか否かが非常に重視され、信頼を実現させる一つの社会制度として認められていったということができます。

19世紀初頭の大法官裁判所

❷ 最初の法人受託者（アメリカの信託会社）の話

　日本では、信託銀行等の法人が信託の受託者を務めることが圧倒的に多いのが実情です。しかし、歴史をひも解いてみると、信託発祥の地であるイギリスでは、古くから個人が信託を受託するなかで発展してきました。その頃の信託は人と人との信頼関係をベースに設定されましたから、受託者は無報酬で信託を管理するのが原則でした。しかし、アメリカのような広大な土地に多数の移民を抱える国では、まわりに信頼できる知人・友人がいない場合も多く、地縁血縁に頼ることがむずかしい場合が多くありました。そこで信託を受託して管理・運用してくれる法人のニーズが生まれ、法人として存続し続けるために報酬を受け取るという道が開けました。

　本章は、このような個人から（のちには法人からも）、信託を受託する法人が誕生したのはいつ頃で、どのような管理をしていたのかを調べてみたいと思います。

佐合紘一著
『ニューイングランド繊維会社とボストン金融機関』

博　士　　前回、最初の法人受託者の話に触れたが、信託博物館では、最初の法人受託者は1822年に設立され、同時に信託業の免許も取得していたファーマー・ファイアー・インシュアランス・アンド・ローン・カンパニーじゃと紹介しておる。今回は、その頃の法人受託者がどういった業務を営んでいたかを考えてみよう。そのことを教えてくれる

のは佐合紘一の『ニューイングランド繊維会社とボストン金融機関』という本じゃ。

コウキ信くん 博士、ファーマーなんとかは、ニューヨークの会社ではなかったですか。ボストンの金融機関ではなかったと思います。それに前から気になっていたのですが、信託業務を営む免許を得たと新聞広告まで出しておきながら、なぜ社名に信託という文字が含まれていないのですか。免許をとったといっても、大したことをやってなかったんじゃないですか。信託業務もやってます、といった程度で。

博　士 たしかにファーマーはニューヨークの会社じゃ。河田正義訳『米國信託會社発達史』という本があって、ファーマー、つまり農民向けの不動産担保融資と火災保険のほかに信託を手がけていたこと、信託業務は順調に発展したが保険のほうは低調だったため、保険業務をやめて後にファーマー・ローン・アンド・トラスト・カンパニーに社名変更したということが、書かれている[5]。

ただ、残念なことに、どういった信託業務を営んでいたか、具体的なことが何も書かれておらん。その点、佐合氏の『ニューイングランド繊維会社とボストン金融機関』には、法人受託者の第二号といわれるマサチューセッツ病院生命保険会社（1823年より営業開始）が取り上げられており、そこでは信

5　イー・ティー・ペリン著／河田正義訳『米國信託會社発達史』（帝国地方行政学会、1922年）P.14－23

託業務の内容を詳しく説明してくれているから参考になる。

コウキ信くん この会社も社名に保険が入っていますが、どの程度信託業務を積極的にやっていたのですか。

博　士 本全体は、19世紀前半のボストンを中心とするニューイングランドで、繊維産業の産業革命がアメリカのなかでいち早く起こったということが書かれておる。そして第6章にマサチューセッツ病院生命保険会社のことが集中的に書かれておるのじゃ。この病院は、低所得者層の病気治療、医師の訓練・研究を目的に設立されたのじゃが、病院経営を安定させるため、最初、イギリスで発展しつつあった保険等を収益業務にしようとしていた。しかし、実際に業務を任せることになっておったボウディッチ[6]氏という人物が「生命保険はまだアメリカで実績がないから、どうなるかわからない。信託のほうがうまくいくのではないか」と進言したそうじゃ。そこで信託業務も含めて免許を得るよう軌道修正したところ、生命保険のほうは契約が伸びず、信託のほうが順調に伸びたため、信託が本業になっていったと書かれている。実際、1824年から1850年の約25年間で、保険の契約額が1,000ドルから15,000ドルに伸びた程度なのに対し、信託のほうは、契約額が37万ドルから677万ドルへと大幅に伸びており、総資産の

---

[6] ナサニエル・ボウディッチ。マサチューセッツ州セーラム生まれのアメリカ人。航海士であったが、数学、物理学に長じており、ハーバード大学で教鞭をとるなどしたが、後に保険数理人として、マサチューセッツ病院生命保険に入社し、富裕層の資金運用に貢献した。

約9割を信託が占めておったそうじゃ[7]。

　蛇足じゃが、ボウディッチ氏は数字に強く、アクチュアリーの草分けともいわれているそうじゃ。さらに、信託の受託を職業とした最初の個人といわれており、ボストン・トラスティー[8]の草分けともいわれておるのじゃ[9]。そういった人が信託財産の運用と管理を率いていたのじゃから、経営もうまくいったのじゃろう。

コウキ信くん　では博士、マサチューセッツ病院生命保険会社は、実際、どのような顧客に対してどのような信託サービスを提供していたのですか。

博　士　18世紀末から19世紀前半のボストンでは、海外貿易で財をなした商人が、海から陸へ戻って大規模な繊維会社をつくったり、仲間が立ち上げたそれらの会社に出資したりしておった。この事業は、多くの場合成功したものじゃから、ボストン・アソシエイツと呼ばれる富裕層のコミュニティが形成されたそうじゃ[10]。マサチューセッツ病院生命保険会社自身も、ボストン・アソシエイツが設立した会社じゃったか

7　佐合紘一著『ニューイングランド繊維株式会社とボストン金融機関─アメリカ初期株式会社の資本蓄積構造』（泉文堂、2003年）P.179-189
8　当時のアメリカでは、一般に、委託者の近親者が受託者となることが多く、プロの受託者は珍しかったが、ボストンには受託を業とする人が一定数存在した。そこで、このようなプロの個人受託者のことをボストン・トラスティーと呼ぶようになったといわれている。
9　A. P. Loring, Jr., "NATHANIEL BOWDITCH OF SALEM AND BOSTON NAVIGATOR, etc.," The Newcomen Society, 1950, P.17
10　前掲注7・P.33

ら、その地縁・血縁を基に、財産家の未亡人や未成年の遺児らのためにと信託された金銭を預かり管理・運用する、彼らが安定した生活を送るために定期安定配当をする、といった個人向け信託業務を営んでいたんじゃ。

たとえば、①5年満期で最低預入額は500ドル、元本と利子を本人に支払って、本人が死亡した場合には遺産相続人か契約時に指定した人（or団体）に支払われるタイプの信託や、②受益者である子供が成人するか結婚して満期を迎えるまでは利子を元本に組み入れるという信託、③成人したら利子を子供に支払うが、元本は相続人か指定された人に支払うといった信託などがあったそうじゃ。運用は、不動産または証券を担保とする長期貸出が多く、有価証券投資は比較的少なかったようじゃが、いまでいう遺言代用信託の機能まで含まれており、人々のニーズには時代を超えて普遍的なものがあるということを教えてくれる。

ちなみに、プルーデント・マン・ルールで有名な判例「ハーバード大学対エイモリー事件」[11]にもこのマサチューセッツ病院は関係がある。この事件はジョン・マクリーンという商人が

---

11 Harvard College v. Amory 26 Mass（9 Pick）446（1830）
　後継受益者であったハーバード大学等が受託者エイモリーを訴えた事件。受託者は、委託者から預かった高配当の株式を信託財産として管理していたところ、受益者が、株式を信託財産として投資するのは善管注意義務に反するとして訴えたもの。裁判の結果、合理的な判断、慎重な判断をする者がするであろう判断をしたのであれば、受託者に義務違反はないとされた（この法理は、後世、プルーデント・マン・ルールと呼ばれている）。

遺した信託の話なのじゃが、委託者マクリーン氏は、妻を受益者とし、妻が亡くなった場合に、ハーバード大学とマサチューセッツ病院に信託財産を寄付することとしておったんじゃ。つまり、この病院もハーバード大学と一緒に訴訟の原告となっておったのじゃ。皮肉なのは、この病院の運用方針は、プルーデント・マン・ルールに近い考え方をとっていたと書かれており[12]、プルーデント・マン・ルールを自らの運用方針とする病院が同ルールを適用されて裁判で負けるというのは、歴史の皮肉じゃのぅ。

　本章で、法人の受託者は19世紀前半にアメリカで登場したことがわかりました。はじめの頃は、財産家の未亡人や未成年者の子供のために財産を管理・運用することが多かったので、当時は、個人で信託の管理・運用を請け負う専門家もいたようですが、管理・運用する信託財産に企業の株式等が含まれるようになると、管理も複雑になり、財産価値を減らさないように運用することが必要となってきました。そこで組織的運用力をもった法人受託者を利用しようという動きが徐々に高まってきたのです。本章で紹介する本では特に言及されてはいませんが、信託の受託を事業として行うようになると、当然、財産的基盤がしっかりしていないと安心して託すことができません

---

[12] 前掲注7・P.185

ら、委託者との契約において信託報酬に関する定めを置いて報酬を受け取ることが認められるようになっていきます。

　このような信託会社がアメリカの金融機関のなかでその存在感を高めるのは、南北戦争（1861〜65年）以降の話で、投資信託（❸を参照）や設備信託（❹を参照）が登場し、20世紀に入ると年金の管理・運用も信託の仕組み（年金信託は❺を参照）が使われるようになっていくのです。

❸ 投資信託の誕生史

―― ① ――

「投資信託の父」と呼ばれた男
(会社型もあるのになぜ信託というのか)

　信託のなかで、私たちの日常生活において比較的多く目にするものとして、投資信託があります。またあまり表には現れませんが、私たちの身近なところで重要な役割を果たしている信託として年金信託があります。今日、このような信託は信託銀行等の信託専業会社が担うのが一般的です。そこで本章から❺までの三つの章では、投資信託、設備信託、年金信託といった商事の信託を取り上げます。

　この章で取り上げる投資信託は、多数の人々が資金を出し合って、まとまった資金を国内外の株や債券等に投資して運用する投資商品の一形態です。投資信託協会の統計によると、公募と私募をあわせるとわが国の投資信託は、2018年３月末の残高で約208兆円の規模ですが、厳密には、信託を使った契約型が197兆円強で、会社型が11兆円弱の内訳となっています。一方、世界最大の投信大国であるアメリカに目を転じると、日本の10倍以上の規模(約2,300兆円強)ですが、「ミューチュアル・ファンド」と呼ばれる会社型が主流となっています。このように投資商品においては、信託や会社、その他の制度との間で、「どれが最も使い勝手が良いか」「安心して投資できるか」をめぐり、ある種の競争が行われています。

　そこで本節では、投資信託がイギリスで誕生した際、どのような経緯、どのような点が決め手となって、信託が先行して利用されるようになったのか、そして、その後どうなったのかを考えてみたいと思います。

スミス著
『ロバート・フレミング 1845−1933』ほか

コウキ信くん  博士、投資信託について知りたいのですが、投資信託は、会社形態のものもあるのになぜ「投資信託」と呼ばれているのですか。

アメリカのミューチュアル・ファンドは会社形態でしょう。

もともと会社形態だったものが日本に持ち込まれた時に信託が使われたということでしょうか。

博　士 日本の投資信託は、イギリスのユニット・トラストという信託を使った集団投資スキームをモデルとして導入されたんじゃ。英米でも、集団投資スキームとしては、信託が初めに使われていたんじゃが、いろいろな偶然が重なって現在のようなかたちになった。もっとも集団投資スキーム自体は、オランダで初めて開発されたそうじゃが、日本では、信託を使った仕組みが採用され、その後も長く信託だけを利用し続けてきたこと、モデルとなった英米では会社形態が中心になってからも基本的な仕組みは信託の時代に培われた仕組みがそのまま使われていたこと、会社形態が主流となってからも、投資会社や運用会社は、投資信託会社（Investment Trust Company）と称するところが多かったことなどが理由として考えられるのではないかのぉ。

コウキ信くん　初めに信託を使って仕組みがつくられたのに、なぜ、会社形態になったのですか。構造上の欠陥とか、何かよくないことでもあったのでしょうか。

博　士　そのあたりのことを教えてくれるのがウイリアム・スミス著『ロバート・フレミング1845-1933』[13]という本じゃ。イギリスの投資信託は、フォーリン・アンド・コロニアル・ガバメント・トラスト（1868年～）（以下、フォーリンと呼ぶ）が最初といわれておる。フレミングはその後に立ち上げられた創成期の投資信託運用者の1人にすぎなかったが、アメリカ鉄道会社の証券を直接現地に行って精度の高い投資分析を行い、運用実績をあげるだけでなく、ファンド創設や重要なファイナンス・イベントにも多数かかわり、イギリスの投資マネーをアメリカ企業の資金調達に向かわせることに大変貢献したことから、「投資信託の父」と呼ばれるようになったそうじゃ。

ロバート・フレミング

13　William Smith, "*ROBERT FLEMING* 1845-1933", Scotland Whittingehame House Pub., 2000

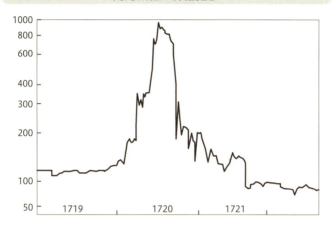

南海会社の株価推移

　この本によると、投資信託が初めて検討された19世紀後半のイギリスでは、前世紀に「南海泡沫事件」[14]という大スキャンダルが起こったため「会社は危ない」と人々からみられておったそうじゃ。そこで第一号のフォーリンを立ち上げた時、創業者のフィリップ・ローズは、人々に安心して投資してもらうため、投資形態として信託を選び、現在の最高裁長官に相当する大法官を務めた人物を受託者に据えたのじゃ（同書P.22）。

14　18世紀にイギリスで起きたバブル事件。南海会社は、中南米の開発と貿易の独占権を与えられた株式会社であったが、後に国債との交換システムを考案すると株価が急上昇した。しかし実態は、密貿易とスペインとの戦争等により破産状態であったため、1720年にバブルがはじけ、株価が急落した。他の新興会社にも波及したため、社会的事件となり、三大バブルの一つといわれるようになった。

実際、運用成績も良かったから、1870年代（明治時代の初め頃）には投資信託が次々と設定されるようになったんじゃが、その後、イギリスに不況が訪れ、約束した配当が支払えないファンドが出て裁判となった。そのとき、裁判官が「このような集団投資スキーム（＝信託スキーム）は会社法違反」としたものじゃから、これまで順調に運用していた他のファンドが一斉に信託から会社型に形態を変える動きとなってしまったのじゃ（同書P.58）。

コウキ信くん　やっぱり、信託に問題があったからなんじゃないですか。

博　士　いやいや。この事件はその後の控訴審で会社法違反ではないとされたんじゃよ（同書P.60）。しかし、いまさらファンドを元に戻すことはできないとして、そのまま会社形態でいくところが多かっただけなんじゃ。ちょうど、会社法や監査制度が整備されたことも背景にあったようじゃ。したがって仕組みも、信託の時の仕組みがそっくりそのまま使われ、受託者が投資会社の取締役となり、当時運用者は秘書役の立場で運用することも多かったそうじゃが、信託の秘書役が運用会社の取締役またはそのまま秘書役となったというわけじゃ。フレミングも、当時まだ若かったから、社会的信用が十分確立していなかったため、投資会社の取締役には地元の名士や財界の大立者が就き、彼自身は秘書役の立場で運用を差配していたそうじゃ。どうじゃ、「信頼できる」ということがいかに大切かがわかるじゃろう。

フレミングが運用した投信の目論見書

中段以降に受託者、銀行、弁護士、ブローカー、秘書役が記載されている。

コウキ信くん　たしかにいまの会社型投信に似ていますね。要は、投資家から信頼を得る信用力と、期待に応えられる運用力が重要ということになりますね。ところで博士、イギリスの投資信託は、いつ頃までアメリカに投資を集中させていたんで

すか。アメリカ国内でも、1920年代には投資信託の人気は高かったのでしょう？

博　士　第一次世界大戦がターニングポイントじゃ。ヨーロッパの国々は、戦争遂行のために自国の国債等の購入を強く求めるようになりイギリス政府もドル建ての証券を接収し始めたから、イギリスの投資信託はアメリカの有価証券を売るところが多くなったのじゃ。

大戦後、国際収支が黒字となって好景気に沸くアメリカは、有価証券の投資利回りが低下してきた。そこでイギリスの投資資金はより有利な投資先を求めて、中南米やアジア等へと投資の手を広げていったんじゃ。

余談じゃが、フレミングの長男は、最初の投信フォーリンを立ち上げたフリップ・ローズの孫娘と結婚し、2人との間にできた子供の1人が007シリーズの作者イアン・フレミングじゃ（同書P.121-122）。

コウキ信くん　フレミングって、どこかで聞いたことがあるなぁと思っていたんですが、そこでつながってくるのですね。

おさらい

大切なお金を専門家に託して運用してもらう投資商品。投資商品に求められる大切な要素は、①運用がうまくいくこと、つまり、収益または財産価値があがることと、②投資したお金がきちんと戻ってくること、つまり、安心して託せる仕組みであることの二つに整理することができます。もちろんその国の経

済環境や社会状況が加わりますから、一概に決められるものではありませんが、少なくともこの二つの要素を叶えなくては、人々に広く利用されることにはなりません。そのことを本節で紹介した書籍は教えてくれます。信託は、非常に柔軟性に富んだ法制度で、運用と管理をそれぞれの分野の専門家に分業して管理・運用してもらうことができます。また信託法理により、受益者の権利が受益権として確立しているうえに、受託者には忠実義務、善管注意義務等の厳しい義務が課されていて不正しにくい仕組みとなっていますから、安心して託せるということになります。

❸ 投資信託の誕生史

②

ミューチュアル・ファンドが普及するようになったのはいつ頃か

前節に引き続き投資信託がテーマです。本節では、現在、アメリカで投資信託の大部分を占めるミューチュアル・ファンド第一号と日本の投資信託第一号を紹介する本を取り上げます。ミューチュアル・ファンドは、「オープン・エンド」（発行体に自由に買戻しの請求ができるタイプのこと。満期まで途中での買戻しや償還を認めないタイプは「クローズド・エンド」といいます）の会社型投信ですが、日本の投信第一号は、クローズド・エンドの契約型でした。この違いはなぜ生じたのでしょうか。それぞれについて、どのような経緯で誕生したか、また、そこではどのようなことが求められ、携わった人々はどのように対応したかを探ってみたいと思います。

江口行雄著『投資信託発展史論』と
フィンク著『ザ・ライズ・オブ・ミューチュアル・ファンズ』

コウキ信くん 博士、投資信託がイギリスで誕生し、初めは信託だったことはわかりましたが、アメリカでは、どうしてミューチュアル・ファンドというのですか。何か理由があるのでしょうか。

博　士 19世紀後半にイギリスで生まれた投資信託、投資会社の仕組みは、アメリカにも伝わったが、本格的に

広まったのは1920年代に入ってからのことじゃ。

　江口行雄の『投資信託発展史論』によると、第一次世界大戦後になってはじめてアメリカは債権国となったが、戦時中、国民の多くが購入していた自由公債（Liberty Bond）が満期を迎えた頃は金利が低かったので、ほかに何か良い投資先はないかというときに注目されるようになったのじゃ[15]。ちょうど1924～29年の大恐慌が起こるまでのアメリカは「狂騒の時代」といわれるほどの好景気に沸いたから、人々はこぞって投信を購入したのでさまざまな種類のファンドが設立され、投信業界は急成長したのじゃ。1924年までは15社、1,500万ドルしかなかったもの

投資信託の設立数推移

（出所）　SECレポート

---

[15]　江口行雄『投資信託発展史論』（ダイヤモンド社、1961年）P.107

が1928年には199社、12億ドルにまでなったそうじゃ。

コウキ信くん　でも1929年には大恐慌が起こったのでしょう。バブルを思わせるような急成長ですが、大丈夫だったんですか。

博　士　多くのファンドが破綻し、大打撃を被ったそうじゃ。この頃の投信は、契約型に会社型、オープン・エンド型にクローズド・エンド型、それに複数種類の投資証券を発行するファンドや、ローンによるレバレッジを効かせるファンドがあったりと、さまざまなタイプの投信が考案されていたのじゃ[16]。特にクローズド・エンド型で、系列会社が引き受けた社債・株式に集中投資していたファンドやレバレッジを効かせて利回りアップをねらったファンドは、一般の株価以上に下落したため、すっかり投資家の信用を失ってしまったのじゃ。ただ多様性に富んでいたおかげで、次の時代の芽もあり、最初のミューチュアル・ファンドといわれるマサチューセッツ・インベスターズ・トラストは1924年に立ち上がっていたんじゃよ。

コウキ信くん　そのファンドは損しなかったのですか。損しなかったとすれば、それはなぜですか。

博　士　マサチューセッツ・インベスターズ・トラストはオープン・エンド型で、信託宣言[17]によって設立された株

16　前掲注15・P.120
17　declaration of trustの訳語。委託者が自ら受託者となって自己の財産を以後他の者または一定の公益目的のための信託財産として保有し、運用する旨を宣言することにより設定される信託のこと。

マサチューセッツ・インベスターズ・トラストの証書

式に投資するファンドじゃった。レバレッジを効かせることのない仕組みだったから、毀損の度合いが小さかったのじゃ。株式に投資するファンドじゃから、一時的に時価は下がったが、優良株中心に分散投資していたこと、オープン・エンドなので随時解約に応じられるよう待機資金を用意しておく必要があり、株に目いっぱい投資するわけにはいかなかったことから、損が相対的に軽微で、配当も出し続けることができたのじゃ。1920年代にはマイナーなファンドでしかなかったが、1930年代になってメジャー商品に化けたのじゃ。具体的には、1929年にミューチュアル・ファンドは1.4億ドルだったものが1940年には4.5億ドルになったのに対し、クローズド・エンド型ファンドのほうは26億ドルから7.8億ドルに急減（レバレッジのない固定運用型は生き残った）したのじゃ[18]。

---

[18] Matthew P. Fink, "*THE RISE OF MUTUAL FUNDS*", 2nd ed., 2011, Oxford Univ. Press, P.18

コウキ信くん 投信はもうこりごりとまではならなかったんですね。人間って欲が深いですねぇ。

博　士 いや、クローズド・エンド型の不信感は相当だったようじゃ。そこで「オープン・エンドでレバレッジを効かせません」「分散投資で系列会社が引き受けた証券を無理に当てはめるようなことはいたしません」ということを明確にして、これまでの運用をすっかりリニューアルすることが必要だった。それをしたのが1940年に制定された投資会社法で、同法が制定されて以降は、経済も好転し、20年近く株価も上昇し続けたから、アメリカで投資信託といえばミューチュアル・ファンドといわれるまでに成長したのじゃ[19]。

コウキ信くん そういえば、オープン・エンドの投信をミューチュアル・ファンドというようになったのはいつ頃からなのでしたっけ。まだ答えてもらっていませんが。

博　士 マサチューセッツ・インベスターズ・トラストをはじめとするオープン・エンドの投信も投資信託であることに変わりはなく、人々から安心して投資してもらうのは大変じゃったようじゃ。カルビン・バロックという男が1932年に四つのミューチュアル・ファンドを立ち上げた際、これまでの投信との違いとして、少額の資金を集めて分散投資し、そこからあがった収益をすべて均率に（mutualに）配当するファンドであることを前面に押し出した。それから徐々に本格化し、

---

[19] 前掲注15・P.128-134、P.142-147

1936年に歳入法が制定されて会社と株式配当の課税が強化された際に、「小口投資家に分散投資を享受させるためには必要」とルーズベルト大統領を説得して配当に課税がされなかったことによって弾みがつき、ミューチュアル・ファンドの仕組みをほとんどそのまま認めるかたちで投資会社法が制定されたから、一般化したのは1940年以降のことじゃ[20]。投資会社法の制定は、大衆の信頼を取り戻すのに必要だとして業界が望んだほどだったそうじゃ。このあたりの話は、アメリカ投資会社協会会長も務めたフィンク氏が著書『ライズ・オブ・ミューチュアル・ファンズ』でいくつかのエピソードを紹介しておるから、参考になるじゃろう。

コウキ信くん　日本の投資信託は第二次世界大戦前に始まったそうですが、このアメリカのミューチュアル・ファンドをモデルにしたのですか。

博士　いや、当時の大蔵省は投資家保護の観点から、信託を使った仕組みにさせたかったようじゃ。

日本でも、1930年代に入ると共同投資の仕組みが検討され、1937年に藤本ビルブローカー証券は「藤本有價證券投資組合」を立ち上げ、組合形式で実質的に運用を担うとして共同投資の仕組みを始めたのじゃ[21]。この組合は、1口500円で200口・期間3年で順調な立ち上がりをみせ127組合にまで増

20　前掲注18・P.26-29、前掲注15・P.130-131によると、ミューチュアルという言葉は、1936年歳入法に初めて法律上用いられたという。
21　前掲注15・P.290-291

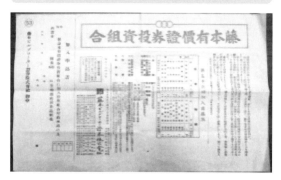

藤本有価証券投資組合の広告チラシ

加したが、大蔵省は、運用者の責任が不明確じゃとして、当時イギリスで開発されていたユニット・トラストを参考に信託の仕組みを使うよう業界に検討させたのじゃ。

コウキ信くん　イギリスがご先祖さまということですか。

博　士　直接はイギリスのユニット・トラストがモデルじゃが、このユニット・トラスト、もともと世界恐慌後のアメリカで主流になりつつあったミューチュアル・ファンドに対抗するために開発された商品でオープン・エンドの信託というところが最大の特徴じゃ。

　各社がユニット・トラストの商品化を検討したが、1941年に野村證券が、野村信託を受託者、自らを委託者とする投資信託を発足させたのが第一号じゃ。この投資信託、国債の利回りが3％程度だったのに対し、4％の予想利回りを掲げていたため好評を博した。他社も追随し、終戦までに5億2,850万

円（受益者数は延べ15万6千人）の資金が集まったそうじゃ[22]。

なお、戦後日本の投資信託は、アメリカの投資会社法をモデルとした証券投資信託法が1951年に制定され、単位型の投信からスタートしたのじゃ。

コウキ信くん　イギリスだったり、アメリカだったりしますけど、その当時の日本に最も相応しい制度、最も良い仕組みを取り入れて、日本の投資家に提供しようとしたのですね。

ユニット・トラスト第一号の証書

22　前掲注15・P.292-297

　アメリカでは、世界恐慌（1929年）による大不況が到来し、投資家が多大な損失を被ったために、投資信託だけでなく有価証券取引に関しても、かつてないほど不信感が高まりました。そのなかで、発行者に自由に買戻しの請求ができるオープン・エンド型で、レバレッジを効かせずに分散投資する投資信託は、比較的損失が軽微で、立ち直りも早かったため、不況からの回復とともに急速に信頼を回復していきました。このような投資信託は、ミューチュアル・ファンドと呼ばれ、ルーズベルト大統領による投資信託の抜本的改革が行われるなかで、「小口投資家に分散投資の機会を与える」ことは重要であるとして法改正や税制改正の際にモデルとなりました。その後、アメリカ経済が高度成長を遂げたこともあり、投資信託といえばミューチュアル・ファンドを指すほど広く利用されるようになり、今日に至っています。

　一方日本は、戦時色が強まるなか、政府が金融機関に対し、投資家が十分保護される法的仕組みを提供することを強く求め、信託により管理・運用されることになりました。戦後、投資信託法が制定されてからも、信託を使うという基本的考え方は維持され、長く会社型は利用されませんでした。その結果、今日、わが国では会社型のファンドも含めて一般に「投資信託」と呼ばれるようになったのです。

❹ 設備信託の誕生史

　設備信託は、鉄道車両や船舶、コンピュータといった動産を信託し、受託者が事業者に貸し付けて運用する信託です。信託受益権を投資家に譲渡することにより、事業者は、鉄道車両等の動産を保有せず、リースと同様、これを借りて使用することにより事業ができます。利益をもたらす資産そのものを信託財産として管理・運用するため、受益権を保有する投資家は比較的安定した利益を受け取ることができる点がメリットとされています。特に、高度成長期のような資金需要が旺盛な時に盛んに利用されました。

　本章では、設備信託がいつ、どのような経緯で誕生したのか、またどのようなメリットが利用されるポイントとなったのかを学びたいと思います。

ダンカン著『エクイップメント・オブリゲーション』

コウキ信くん　博士、信託博物館に設備信託の車両プレートが展示されていますが、あれは90年ぐらい前のものですよね。アメリカの鉄道建設ブームは、19世紀後半でしょう。設備信託は、いったいいつ頃からあったのですか。また日本で利用されたことはあるんですか。

博　士　設備信託としては、アメリカのマサチューセッツ州で、1845年、運河の船荷運送に使う艀(はしけ)を信託したのが最初じゃないかといわれている。鉄道ファイナンスとして

は、1868年にフィラデルフィアの運送会社が鉄道車両を取得するための手段として使い始めたのが最初で、これが鉄道会社にとってありがたい調達手段だったことから、一気に広まっていったそうじゃ[23]。

　日本でも、かつては盛んに利用されておった。戦後、アメリカから税制改革のために来日したドッジ博士が記者に「フィラデルフィア・プラン[24]を使ってはどうか」と示唆したことを受け、長期資金の調達手段の一つとして検討されたのがきっかけじゃ。1956（昭和31）年には第一号が受託され[25]、以降、各社で受託が相次ぎ[26]、高度経済成長期から昭和の終わり頃まで、船舶や医療用機器など、対象も拡大して広く利用され[27]、受益権も年金資金の運用などに投資されていたのじゃ。

23　Kenneth Duncan,"*EQUIPMENT OBLIGATIONS*" Literary Licensing, LCC., 2013, P.12－18
24　19世紀の半ば過ぎにアメリカの鉄道会社が始めた車両設備の資金調達手段の一つ。マサチューセッツ州では、割賦販売方式による資金調達が盛んであったが、ペンシルバニア州のフィラデルフィアで信託を使った調達方法が考案され、本文に記述のとおり、当時の商慣習による制約等を克服するものであったことから、全米各地で利用が広まった。
25　わが国の第一号は、[委託者]三菱電機、[受託者]三井信託銀行、[賃貸先]帝都高速度交通営団（1956（昭和31）年11月）で、車両製造会社が委託者となるスキームであった。なお、三菱信託銀行の設備信託受託は1959（昭和34）年（長野電鉄）が初めてで、東洋信託銀行は昭和36年（貨物自動車を受託）以降、積極化した。
26　倉知善一「我国に於ける車輛信託」（復刊・信託No.40）P.8以下
27　たとえば、1969（昭和44）年9月、東洋信託銀行はコンピュータ信託を受託している（『東洋信託銀行25年史』）P.94－95。

> **コウキ信くん**　1868年といえば明治元年で、アメリカでは大陸横断鉄道が開通する前年じゃないですか。ちょうど各地で鉄道建設が盛んに行われていた頃の話ですよね。当時の鉄道会社の資金調達は、外資が社債等の有価証券に投資することを通じて調達されたのではなかったのですか。そこでは、投資信託も積極的に使われていたんでしたよね。

> **博士**　たしかに当時の鉄道会社の資金調達は、優先株や社債にウェイトが置かれていたことは間違いないが、社債を発行できない小規模の鉄道会社もあったのじゃ。そこで借入れに頼ることになるのじゃが、当時の借入契約には、将来取得した財産も担保に含めるという条項（将来取得財産条項）がたいてい入っていたから、企業は借入れをしてせっかく財産を取得しても、前の借入契約の担保にとられてしまい困っていたのじゃ。

そんななか、ペンシルバニア州のリーハイ・コール・アンド・ナビゲーションという運送会社の社長が弁護士と相談して、信託を受託する組織をつくって、その受託機関に鉄道車両を信託し、車両を自社名義ではなく受託者名義にしたのじゃ。これによって将来取得財産条項の適用が回避できるようになった。次に、受託者から車両を賃貸してもらい、賃料と元本返済を使用料というかたちで支払っていき、契約終了までには元本も完済し、終了時に車両が鉄道会社のものとなるという仕組みが生み出されたんじゃ[28]。

実質は割賦販売じゃが、当時、割賦のかたちで所有権を留保

設備信託を最初に行った会社の株券

することは違法とする州が多く、そこで受託者に使用料として払うことでそれをクリアしようとしたんじゃ。この方法は、その後の裁判でも合法とされ、「フィラデルフィア方式」と呼ばれ、広く利用されていたのじゃ。

コウキ信くん そうなんですか。いろいろな法的制約があるところを、信託を使ってそれらをうまくクリアし、企業の資金調達に貢献したというわけですね。ところで車両プレートは、その話と関係ないのですか。それともプレートが貼られるようになったのは、もっと後の話ですか。

博　士 プレートは仕組みができて、それが広まっていくなかで制度として確立していったのじゃ。

鉄道は走ってナンボ、旅客や貨物を運んでナンボじゃから、

28　前掲注23・P.16−17

車両信託のプレート（左）と証書（右）の例

プレートの5行目にトラスティー、オーナーの記載がある。

常に移動する。そんななかで、鉄道会社の債権者が信託財産とは知らずに差押えに来られては困る。そこで、登録するか、各車両に受託者が所有者であり、賃貸人である旨を記載したプレートを付けておけば、第三者に対抗できるという法律が多くの州で制定されたからじゃ（ペンシルバニア州の場合は1883年に特別法が制定）。

コウキ信くん　へぇー。ということは、州政府も、設備信託が鉄道ファイナンスにおいて有用であると認めたということになりますよね。

博　士　そうじゃ、そのような追い風もあって、20世紀初頭には、設備信託が鉄道ファイナンス全体の5％を超えるほどになったそうじゃ[29]。また1929年の大恐慌では、多くの鉄道会社が銀行管理になったり破産したりしたが、設備信

29　前掲注23・P.23

託の場合は、受託者名義になっておって、稼いだお金で使用料を払わないと使わせてもらえなくなるため、設備信託で元本欠損が生じたのは1銘柄だけだったそうじゃ[30]。

このように法的には安定した仕組みとなったわけじゃが、経済合理性も満たさねばならん。リースや割賦も、その後、法的制約が取り除かれ、どちらがより有利な調達手段か競争となったんじゃ。日本でも高度成長期や高金利時代にはそれなりに利用されていたようで[31]、以前は地下鉄等に信託車両である旨のプレートをみることもあったが、最近はさっぱり低調じゃ。

金利水準や経済環境に加え、法制・税制も常に変化、進化しておる。あぐらをかいておると、競合商品に取って代わられる危険があることは常に意識しておかねばならない。設備信託は、第三者名義にすることとその第三者が受託者として責任をもって管理してくれることによって、お金が想定どおりに流れるうえ、受益権を小口化することによって、銀行以外の投資家からも広く資金を募ることができる、ということがメリットだったのじゃ。これからも、メリット、使い道をよく把握して

---

30 前掲注26・P.10
31 日本の設備信託・車両プレートの例

創意工夫すれば、姿を変えて活躍の場があるかもしれん。ちなみに設備信託は、現在は航空機会社の大規模な資金調達手段に応用されて、世界のあちらこちらで使われておる[32]。

 おさらい

今日の日本では、残念ながら設備信託はそれほど盛んには利用されていません。しかし、航空機ファイナンスの分野では、調達しなければならない資金が巨額となるため、流動性機能を補完することにより、個別企業の信用よりも、設備信託のほうが安定した資金回収が得られるとして、比較的よく利用されます。このように金融分野において、信託は他の仕組みとある意味競争をしているとみることができます。その時代やその国・地域の具体的経済情勢や社会状況にうまく適合していないと、仕組みがしっかりとしていても、利用されないことがあるということがわかります。

---

[32] 航空業界の調査報告によると、2016年時点で資金調達手段全体の2割弱（318億ドル）がEnhanced Equipment Trust Certificates（EETCという）による調達となっている（Aviation Working Group, "Debt Capital Markets Financing of Aircraft Equipment"［March 2016］）。EETCとは、複数の航空機を一つの設備信託の中に組み入れながら、信用力の高い外部金融機関に信用補完してもらうことで、流動性を高めた仕組み。設備信託に一部変更を加え、大規模化したもの。

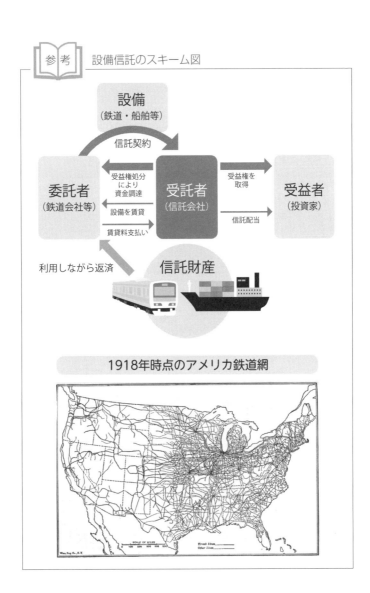

参考 設備信託のスキーム図

1918年時点のアメリカ鉄道網

❺ 年金信託の誕生に関する話

　「年金」と聞くと、国民年金や厚生年金、共済年金といった公的年金を思い浮かべる方が多いかもしれませんが、厚生年金や確定拠出年金など企業が従業員のために独自に設ける企業年金や、自営業の人々等が国民年金に上乗せして年金を受け取るための国民年金基金といった私的年金もあります。「年金信託」は、このうちの私的年金の企業年金分野で利用されています。また「年金信託」は、年金の掛け金を信託の仕組みを使って運用するものですが、信託協会の統計によると、2018年3月末現在で60兆円を超える規模となっています。年金信託以外にも、年金を管理・運用する者に対して信託受託者と同様の義務を課すという法理面で信託の仕組みが活用されたり、制度管理や年金数理の分野で信託銀行がその専門性を発揮して年金基金等をサポートするなど、年金の分野では決して小さくないかかわりをもっています。このような年金制度のなかで、年金信託はいつ頃、どのようなかたちでかかわるようになってきたのでしょうか。本章では、それを教えてくれる本を紹介したいと思います。

ハンナ著『インベンティング・リタイアメント』と
サス著『ザ・プロミス・オブ・プライベート・ペンションズ』

コウキ信くん　博士、年金信託はいつ頃誕生したのですか？　やはり、イギリスですか。それとも、巨大企業が誕生したアメリカですか。企業年金は、従業員が多数いないと制度化するのがむずかしいので、企業が大きくならないと

誕生できないと思うのですが、そのあたり、どうなんでしょう？

　博　士　　企業が年金制度を立ち上げたのは、アメリカもイギリスも19世紀後半からなのでほぼ同時期じゃが[33]、年金信託が登場するのは20世紀に入ってからで、イギリスのほうが少し早いようじゃ。レスリー・ハンナ著『インベンティング・リタイアメント』によれば、これまで従業員に対する見舞金のかたちでしか支給していなかった年金を、コールマンというマスタード等を製造・販売する企業が、1900年に信託を使って管理・運用するようにしたのが最初だそうじゃ[34]。コールマンの年金の仕組みは、賃金から毎週２ペンス[35]を従業員が拠出して資金を積み立て、受託者がこれを管理・運用して、65歳になった従業員に毎週８シリングが支給されるという制度じゃった。その後、1908年の年金法によって制定化された国の年金制度が、70歳以上の国民に５シリングが支給されるというものじゃったから、相当手厚い制度とい

---

[33] Leslie Hannah, "*INVENTING RETIREMENT*: The development of occupational pensions in Britain"（1986）によれば、River Leeという水路会社が1821年に週10シリングの年金を従業員から週２シリング拠出させて始めたのが民間年金制度の最初で、1840年代から当時の基幹産業である鉄道会社（London and Birmingham Railway等）が何社か、従業員の給与からいくらかを天引きし、それに事業主が資金を足して年金を支払う制度を導入し始めた、とある（同書P.10、P.156）。

[34] 前掲注30・P.18

[35] １ポンド=20シリング=240ペンスで、20世紀初頭の１ポンドの価値は6.5〜８万円。

コールマンの広告と工場で働く従業員のようす

えよう。ちなみにコールマンは、その後、ユニリーバに吸収されて、その一部門となったが、当時は2千人以上の従業員を抱える大会社で、その工場所在地に学校を建設したり、工場内に看護婦を常駐させたりするなど福利厚生に手厚い先進的企業だったようじゃ。

このように年金信託は、当初は年金制度の運営形態の一つにすぎなかったが、運用収益に年金の段階で課税しないという措置がとられるようになったうえ、個社事情に応じた制度設計ができること、仮に企業が破綻したり合併したりしても分別管理されているから安心であることなどから、主流になっていったのじゃ。

コウキ信くん　なるほど。信託の柔軟性や倒産隔離機能、受託者の運用能力[36]などといったさまざまな特性がフルに活用されたわけですね。ところでアメリカのほうはどうですか。アメリカも同様ですか。

博　士　イギリスで、鉄道会社を中心に19世紀後半

に企業年金が徐々に広まりつつあったこと、アメリカのお隣のカナダでも、グランド・トランク鉄道が37歳以上の従業員から給料の2.5％を強制的に積み立て55歳以上から受け取れる年金制度を立ち上げたこと（1874年)[37]などに触発されて、アメリカン・エキスプレスが1875年に企業年金を立ち上げた。これがアメリカで最初の企業年金じゃ[38]。しかし、カナダのケースのように従業員から拠出された資金を運用しているわけではなく、また信託でもなく、あくまで功労金のような会社からの恩恵の一つにすぎなかったようじゃ。アメリカの場合、第一号こそ鉄道会社ではなかったが、第二号はボルチモア・アンド・オハイオ鉄道の年金制度（1880年）で、当初はイギリスと同様、鉄道会社を中心に企業年金が広まっていった。

　年金信託をアメリカで最初に始めたのはAT&T（The American Telephone & Telegraph Company）といわれている。この会社は1906年に年金制度を立ち上げたが、1926年に歳入法が改正されて運用収益に対する信託段階での課税が免除されたこと、当局から信託を使って資産を管理するよう指導されたこと

36　信託になじみのない方へ。信託の柔軟性とは信託契約等によって当事者の個別事情に応じた制度設計ができること、倒産隔離機能とは、信託財産が委託者・受託者が倒産しても差押え等の対象にならない独立した財産として扱われることが法律上補償されていること、運用力とは運用力のある専門家を受託者または受託者から委託を受けた者とすることによって高度な資金運用が実現できるように制度設計が可能となることをいう。

37　Steven A. Sass, "The Promise of Private Pensions"(1997), P.19
38　前掲注37・P.23

AT&T創業者ベル

1927年頃の交換手のようす

などから、1927年からバンカース・トラストを受託者とする信託に制度移行したのじゃ[39]。つまり、年金信託は、受給権者保護の観点から、年金制度をより強化するために使われたのじゃ。

　コウキ信くん　年金資産を、企業の倒産リスクに備えて独立財産として安定させようというところが重視されたんですね。たしかエリサ法も、企業買収によってこれまで積み立ててきた年金が不利な条件になってしまうということが問題となって制定（1974年）されたのですよね。

　博　士　おぉそうじゃ、よく勉強しておるな。1966年に破綻した自動車メーカー、スチュードベーカーの年金破綻事件がきっかけといわれておる。スチュードベーカーは、ゼネラル・モーターズ、フォード、クライスラーといった"ビッグ

39　前掲注37・P.44、P.83、青山和司著『アメリカの信託と商業銀行』（日本経済評論社、1998年）P.183

スチュードベーカーの1950年型

スリー"とは一線を画す、小型大衆車で人気を博した独立系自動車メーカーじゃったが、"ビッグスリー"の低価格路線によって次第に業績が悪化、1954年にメルセデス・ベンツの代理店であったパッカード社と合併したが、1966年に破綻してしまったのじゃ。

そのとき、旧スチュードベーカー、旧パッカードともに年金資金を信託で管理・運用していたのじゃが、財政計算が適切に行われていない状態のまま合併、破綻となってしまったので、従業員の年金が著しく毀損されてしまったのじゃ。当時のアメリカで自動車産業は花形業種で労働組合も強かったから、社会問題となり、安定した年金制度をつくらせるよう法で規制すべしとの声が高まり、エリサ法が制定されたのじゃ[40]。

コウキ信くん 日本はどうなんですか。やはり、高度経済成長期にアメリカの制度を参考にして、制度がつくられたのですか。

---

40 前掲注34・P.180 - 226

博士　私的年金制度自体は戦前からあった。鐘紡と三井商店がすでに大正時代の初めに私的年金制度を立ち上げていたそうじゃ。しかし企業年金制度が注目されるようになったのは、戦後、それも経済がようやく安定してきた高度経済成長期からじゃ。1952（昭和27）年から1955（昭和30）年の間に50〜60社が年金制度を採用していたそうじゃが、掛金の損金算入等がまだ認められておらず、優良企業の恩恵的制度にとどまっていたようじゃ[41]。それが昭和30年代に入ると、社会保障制度における年金制度の重要性がさらに高まり、まず1962（昭和37）年に適格退職年金制度[42]が発足したのじゃ。現在の厚生年金基金制度が発足したのは1966（昭和41）年で、信託銀行が年金信託を本格的に検討し、制度創設や税制改正等を当局に対して精力的に要望していくのは、ちょうどその頃からじゃ[43]。

当時の先輩たちは、いち早く1956（昭和31）年頃から海外の年金制度の調査を行い、最終的には信託業界全体での制度創設や税制改正要望となったが、リーダーシップを発揮し、年金

---

[41] 富子勝久・梅岡総治著『企業年金の常識』（近代セールス社、1963年）P.19

[42] 企業年金の一種で、年金原資を信託銀行等の外部機関に積み立てる等法人税法が定める一定の条件を満たし、国税庁長官の承認を受けることで事業主が負担する掛金が全額損金として扱われる等の税制上の優遇措置を受けられる年金制度。2002（平成14）年度から新規の設立が認められなくなり、平成24年4月以降は税の優遇措置が受けられなくなり、他の制度に移行した。

[43] 山田商平「年金関係税制の成立に至る経緯」（復刊・信託No.52）P.2

信託のマーケット拡大に尽力したんじゃ[44]。

コウキ信くん どこの会社が第一号だったんですか。

博　士 信託業界全体で要望して創設が認められ一斉にスタートしたため、第一号は各社それぞれにある。当時、どこから受託するか、各社が鎬を削って取引先企業にコンサルティング説明会等を行っていたようじゃから、一度社史をみてみるとおもしろいぞ。

企業の年金制度で信託が使われるようになったのは、英米で約100年少し前、日本で約60年前と比較的新しいことがわかりました。いずれも規模の大きな企業から順次広がっていったようです。注目すべきは、そのような大企業が運営する年金制度でも、長期にわたって管理・運用しなければならないことから、倒産管理機能と運用者に厳しい義務を課すという二つの要素を満たす信託が採用されたということです。現在も非常に多額の年金資金が信託で管理・運用されているということは、その後もこの二つの要素を満たしつつ年金資産を少しでも増やすように努力し続けてきたからということもできます。仕組みがしっかりしていることは大切ですが、その実効性を保ち続けることの大切さも教えてくれるところが、歴史を学ぶ一つのあり方ではないでしょうか。

---

44 小林彰「年金信託の生まれるまで」（信託No.146）P.104

❻ 家族信託の話

①

 ここまでは信託会社等が営む商事の信託をいくつか取り上げてきましたが、本章では、個人が家族のために財産を継承していくことを目的とする、パーソナルな信託を取り上げます。一般に家族信託とか、家産承継信託などといわれますが、このような信託がいつ頃から使われるようになってきたかについて、イギリスとアメリカの歴史を探求してみたいと思います。あわせてわが国でも、近時、民事信託として取り上げられることが多くなってきましたので、その動向と問題点についても、少し考えてみたいと思います。

イギリスで「家産承継信託」が普及するようになったのはいつ頃か

 イギリスで信託の前身である「ユース」が登場し、「信託」へと発展しはじめた頃は、戦地に赴く兵士や封建社会のなかで土地の相続権がまだ認められていなかった女性等のために利用される、限定的な仕組みでしかありませんでした。本節では一族の財産として継承していくために信託が広く利用されるようになったのはいつ頃かをイギリス法制史の基本的入門書であるベイカーの著書と、イギリスが近代化していくなかで法が果たした役割を考察したハリスの著書を取り上げて探ろうと思います。

ベイカー著・深尾裕造訳『イギリス法史入門』と
ハリス著『インダストリアライジング・イングリッシュ・ロー』

コウキ信くん 博士、最近、資産承継型の信託が日本でも増えてきたといわれていますが、そもそも、信託発祥の地であるイギリスでは、いつ頃から一般化したのですか。信託博物館で

は、十字軍の兵士やフランシスコ修道会の修道士のために使われたユースが、ヘンリー8世の禁圧を乗り越えて信託へと発展したと紹介されていますが、17世紀になると市民革命、名誉革命によって絶対王政ではなくなったので、封建的課税の心配をする必要はなくなったのではないですか。

　博　士　　よく知っておるな、そのとおりじゃ。16・17世紀になると、土地を遺言で処分することも認められるようになってきたから、信託を使わないと長男以外の者に財産を渡せないという状況ではなくなった。そもそも国王を補佐する立場の大法官が、国王の大事な収入源である封建的付随負担を免れるような仕組みを許すとは思えない。それ以外の「なるほど信託を認めてやってもよい」という状況があったから生き残っていったのじゃ。そのあたりのことを教えてくれるものとして、深尾裕造教授が訳されたベイカー著『イギリス法史入門』がある[45]。この本では、まだ生まれていない者を受益者としたい場合や、浪費家の息子のめんどうを生涯みたいといった場合にどうしていたかということを説明している。また、当時のイギリスの女性は結婚すると夫が財産を管理していた。これを自分の独立した権利にしたい場合などは遺言では実

---

[45] J. H. ベイカー著／深尾裕造訳『イギリス法史入門』第4版第Ⅱ部〔各論〕（関西学院大学出版会、2014年）P.99

現できなかったんじゃが、信託を使えばそれができたのじゃ。

コウキ信くん でも、そのような限定的な場合だけでは、とても広く一般に利用されていくことになるとは思えませんが。

博士 たしかに、初めは一時的、例外的なものだったかもしれないが、1640年代の市民革命の頃になると、内戦期間中、不動産所有権の不安定さを克服するため、王党派の弁護士が継承的財産設定が否定されることを防ぐために信託に関する文言を挿入することを考え出し、これを裁判所も認めるようになったのじゃ。

さらに、大法官ノッティンガム卿がこれまでの判決を整理して体系化、法理として明確にしてくれたものじゃから、18世紀になると、家族の財産承継の有力な手段として信託が広まっていったそうじゃ。

ノッティンガム卿

コウキ信くん ノッティンガム卿って、たしか、信託法の体系化に貢献した裁判官の1人でしたよね。体系化って、具体的にどのようなことをした人なのですか。

博士 大法官府裁判所は「良心の裁判所」ともいわれ、大法官が、一件一件最善の解決方法と思った判断を下していたのじゃが、当然、人が変われば多少のズレは生じる。ジョン・セルデン（1584〜1654年）という法律家・歴史家が、「大法官の足の長さが異なるように、大法官府裁判所の判断は大法

ジョン・セルデンと『テーブル・トーク』

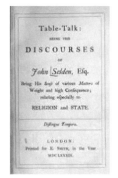

官によって異なる」と皮肉ったほどじゃったが[46]、それをノッティンガム卿ヘンエッジ・フィンチ（1621～82年）が体系的に整理して恣意的な判断とならぬようにしたため、のちの世の人が安心して裁判に臨めるようにしたのじゃ。そのおかげで不動産の信託は不動産の所有形態の一つとして確立し、相続可能な権利となったのじゃ[47]。

コウキ信くん　それでみんなが利用するようになったのですね。

博　士　いまの日本の相続法とは違って、イギリスでは当時から、何歳になったらとか、○○が生きている間は○○に（生涯権という）、その後は残りを××に（残余権という）といった後継ぎ遺贈型の権利設定が信託を使わずにできたのじゃ

---

[46] John Selden, "Table Talk"［1716］P.37
[47] 前掲注42・P.125

が、まだ生まれていない子供を権利者にすることは信託でないとできなかった。また生涯権者は、残余権者の権利を邪魔してはならないとされていたから、売却や担保権設定等もできなかったが、信託を使えば受益権に担保を設定することができた。さらにこのような法理が不動産だけでなく、それ以外の財産にも広がっていったから、18・19世紀になると家産、すなわち、家族全体の財産をトータルでコントロールしながら、家族の一員にもそれぞれしかるべき利益を享受させる、セトルメント[48]と呼ばれる権利設定が広く行われるようになった。その際、信託を使うとより幅広く柔軟な権利設定ができるため、信託を使って家産承継を行うことが一般的になったのじゃ。特に、結婚する際には、夫婦の財産をどうしていくかを決めるためのセトルメントが非常に多く設定されたそうじゃ。

コウキ信くん　相続において信託が必須アイテムになっていたのですね。結婚のときの話は、現代アメリカのプレナップ（prenuptial agreement；婚前契約書）の走り、みたいなものですかね。

博　士　そうかもしれん。このように、相続や家族の財産処分において、信託のウェイトが非常に大きくなったものじゃから、19世紀頃になると信託法の体系書がいくつか登場する。ルーウィンやアンダーヒルといった弁護士が書いた

48　settlement 和解や清算などの意味で使われることもあるが、ここでは、イギリスの継承的財産設定（証書）の意で使用している。可能なかぎり将来に向けて継承的に財産権が妻子その他親族に移転するように財産を処分すること。またはその処分証書。

本[49, 50]は、初版が出た後も再三改訂され、執筆者が亡くなった後も後継者に改訂が引き継がれ10数版を数えるまでになっている。

コウキ信くん　その後、投資信託などといった商事の信託利用につながっていくのですね。

博　士　いや、イギリスの場合、単純にそうはいかなかったようじゃ。家産を代々承継させていくためのものとして信託の法理が確立したため、19世紀前半頃までは、裁判所も体系書も「受託者は安全確実に信託財産を運用しなければならない」「株式や社債といったリスクのある投資ではなく、不動産や国債、担保の付いたモーゲージなどに投資しなければならない」としていたのじゃ。それで当時勃興しつつあった会社やジョイント・ストック・カンパニーなどには、信託財産として投資することがむずかしかったのじゃ。そのあたりの経緯を教えてくれる本として、ロン・ハリスの『インダストリアライジング・イングリッシュ・ロー』[51]がある。ハリスによると、19世紀の半ばから後半にかけて、慎重ながらも受託者が資産

49　トーマス・ルーウィンの "*A Practical Treatise on the Law of Trusts and Trustees*" は1837年に初版が出版され、その後『Lewin's on Trusts』として19版まで改訂されている。またアーサー・アンダーヒルの "*A Concise Manual of the Law: Relating to Private Trusts and Trustees*" は1878年が初版で、現在は "*Underhill and Hayton Law of Trusts and Trustees*" として19版が出ている。

50　ルーウィンとアンダーヒルの体系書の構成および概要に関しては、姜（キョウ）雪蓮（セツレン）『信託における忠実義務の展開と機能』（信山社、2014年）のP.151〜とP.183〜を参照。

用に積極的役割を果たすことが認められ、逆に多少リスクのある投資をしても義務違反とされることのないような判例が下されたり、それに対応する立法も手当されたりするようになったそうじゃ。このような軌道修正によって、中間層も信託を使って財産運用や投資に参加することができるようになり、信託はさらに発展したということじゃ。

 安全確実も行き過ぎると、収益チャンスを逃してしまうということですかね。

おさらい

イギリスで家産承継のための信託が広まるのは、17世紀の市民革命を経てから、ということのようですね。しかも、その理由が、信託を使わなくても遺す方法はあったかもしれないが、信託を使うと家産承継方法のバリエーションが広がり、便利だというところから広まったというのは、意外ですね。しかも、実務先行型で、いくつかの裁判を経て法理として体系化され、そのことによって安心して使えるようになって利用が広がり、さらに体系書まで登場し、ますます普及していくという成長・発展の歴史であったことがわかります。それは、兎にも角にも信託が人々のニーズに応えてきたからだということは、非常に重要なポイントではないでしょうか。

---

51 Ron Harris, "*INDUSTRIALIZING ENGLISH LAW*: Entrepreneurship and Business Organization, 1720-1844", P.147-159（2000, Cambridge Univ. Press）

❻ 家族信託の話

②

アメリカ人はなぜ相続対策に信託を使うのか

マリリン・モンローやエルビス・プレスリー、マイケル・ジャクソンといった有名人は、老後を迎えることなく突然亡くなっています。しかし、事前に遺言を作成していて、そのなかで信託の設定を述べています。このように、アメリカ人の多くは、比較的若い時から遺言を作成し、そのなかで信託を利用する例が多いといわれていますが、何かきっかけがあったのでしょうか。本節では、フリードマンの翻訳本を取り上げ、アメリカにおいて家族のための信託が広く一般に利用されるようになったのは、いつ、どのような理由によるものなのかを探ってみようと思います。

フリードマン著／新井誠監修／紺野包子訳
『信託と相続の社会史』

博　士　今回は、アメリカの相続対策になぜ信託が使われるようになったかを取り扱っている本を取り上げよう。『信託と相続の社会史』という本がそれじゃ[52]。この本は翻訳書で、アメリカ法制史家フリードマン教授が書いた『デッド・ハンズ』[53]が原作じゃ。

コウキ信くん　博士、デッド・ハンズって何ですか。少し怖

---

[52] ローレンス・M・フリードマン著／新井誠監修／紺野包子訳『信託と相続の社会史―米国死手法の展開―』（日本評論社、2016年）

い感じがしますが、大丈夫ですか。信託は、中世のイギリスで、相続権のない人に財産を残すための手段として広く利用され、発展してきた制度だったと思います。アメリカにはそのような相続権をめぐる古めかしい制約はないので
はないですか。アメリカの信託史は、信託が商事にも利用されるようになったというところに大きな特徴があると思っていたのですが。

　博　士　　たしかに商事の信託にアメリカの特徴があるのはそのとおりじゃが、イギリスで古くから利用されてきた家族のための信託もよく利用されていたのじゃ。デッド・ハンズ（死手法）は、遺言で教会や慈善団体に財産が贈与されてしまうと、非課税となり、国王に入ってくる税金が減ってしまうため、法でそういった贈与を禁止したことからきておるそうじゃ。この本ではもう少し広い意味で使われており、人は自分の財産を死後も自由にコントロールしたがるものであり、信託はそれをサポートする手段として使われてきたと説明されておる。死者によるコントロールを死者の手と表現しておるが、決して暗い話ではない。

　アメリカの信託史は、たしかに法人受託者や商事利用の発展に大きな特徴があるが、家族信託の分野にも特徴はある。昔のイギリスでは、財産承継といえば土地、それも家長にのみ相続

53　Lawrence M. Friedman, "DEAD HANDS: A Social History of Wills, Trusts, and Inheritance Law", Stanford Law Books, 2009.

権があるというなかで、家族信託が発展・形成されてきたんじゃが、アメリカの場合は、事業によって財をなす人が多かったため、有価証券が財産の中心となる場合が多かった。相続法に関しても、配偶者や子供が平等に相続するのが原則で、相続法と異なるかたち・内容で自分の財産を引き継ぎたいという人もたくさんいて、そこに信託が利用され、法や税が少しずつ変わってきたというところに特徴がある。この本はまさにその点をテーマにしておるのじゃ。

コウキ信くん　脱法、脱税の歴史ですか。

博　士　いや、世の中、社会全体が変わってきたのだと書かれておる。この本は、前半はアメリカの相続法と相続・遺言の事例が多数紹介されておるが、後半は人々の思いを受けて、それがどのように変容してきたかを説明しているのじゃ。信託を含むさまざまな事例を紹介しながら、わかりやすく相続をめぐる状況が説明されており、そこで信託が重要な役割を果たしたということがわかる。永久拘束禁止の原則[54]や世代跳躍移転税[55]、プルーデント・インベスター・ルール[56]も、100年

---

54 永遠に続く信託を禁じ、信託の存続期間を制限する法理。信託設定時に生きていた人の死後21年以内に受益者となる者が確定、存在しなければならないことを原則とするルール。

55 Generation Skipping Taxの邦訳。親から子、子から孫と世代を飛び越えて財産を移転する場合に課される税。

56 他人から信託された資産を管理・運用する際に受託者が払うべき義務に関するルール。当初プルーデント・マン・ルールとして成立したが、現代ポートフォリオ理論を取り込み、プルーデント・インベスター・ルールとして現代化した。慎重で合理的判断をする投資家であれば払うであろう注意を払うことが原則として求められる。

くらいの単位でみるとあり方が変わったそうじゃ。たとえば、永久拘束禁止の原則は、20世紀後半から廃止の動きが強まり、いくつかの州では実質的廃止に踏み切り、2003年末までには、金融機関が預かる信託財産の約1割が廃止した州にシフトしてしまったそうじゃ（より長期間自分の思いどおりにすることができるから）。

コウキ信くん　おもしろそうですね。たとえばどんな事例があるのですか。もう少し詳しく教えてください。

博　士　そうじゃのぉ。たとえば、富裕層が利用する生前信託を大別すると、世話型信託（care trust）と王朝型信託（dynasty trust）に整理できる。世話型は未成年の子供らのためのもので、後見制度はお金がかかるが、信託を使うともっと柔軟に対処できる。家族・友人を受託者とする比較的短期間の信託として利用されているということじゃ。これに対し王朝型は、遺産を恒久的に支配したいという人が利用する信託で、1世紀にも及ぶ長期のものが一般的で、専門家が管理運用している場合が多いと書かれている[57]。また中産階級の人々が利用する信託としてトッテン信託（totten trust）[58]が紹介されており、公益信託や財団に関しては、博物館でも紹介しているニューヨーク公共図書館の基礎をつくったサミュエル・ティルデンの信託[59]や、レオナ・ヘルムズリーという「不動産の女

57　前掲注52・P.126-127
58　前掲注52・P.119。受託者の名義で銀行口座を開設し、生前は自由に使うが死後は指定された者のものとなる信託。

王」と呼ばれた資産家が、愛犬のために1,200万ドルの信託を遺したという話[60]などが紹介されている。

コウキ信くん　へぇー、いろいろな信託があるんですねぇ。

博　士　法制史家としてフリードマン教授は、19世紀末から20世紀初頭にかけては死者の力が強く、王朝型信託の優遇が潮流であったが、20世紀末から21世紀にかけては銀行や信託会社といった組織に対し法や社会が好意的となり、墓

59　前掲注52・P.166。サミュエル・ジョーンズ・ティルデンは、ニューヨーク州知事を務め、大統領候補にまでなったが、遺産の大半を公共図書館づくりのための信託に遺した。これに反発した遺族らは遺言の無効を提訴した。当時のニューヨーク州裁判所が公益信託に対して消極的であったため遺族側が勝訴（1891年）したが、この事件をきっかけに公益信託を合法とする法律が成立した。なお、ニューヨーク公共図書館は、その後遺族らの承諾のもと、遺産管理人が建設工事に着工し、カーネギーらの財産提供者も現れ、1911年に竣工した。

60　前掲注52・P.163。レオナ・ヘルムズリーは、アメリカの女性実業家。不動産王の夫とともに、エンパイアーステートビルをはじめとするニューヨークの高級不動産やホテルチェーンの運営を手がけた。レオナが亡くなったとき、遺族として弟と孫4人（息子の子）、ひ孫12人がいたが、遺言により、愛犬のマルチーズ「トラブル」に最高額の遺産1,200万ドルが遺された。ほかに、弟には1,000万ドルと愛犬の世話が託され、孫2人には少なくとも年1回は父親の墓参りをすることを条件に、それぞれ500万ドルが遺されたが、残りの孫2人は相続から外された。また、40億ドル相当とされる保有株式は、慈善活動用の信託基金にされた。ただし、愛犬の信託はのちに裁判所命令により200万ドルに減額され、相続から外された2人の孫にそれぞれ400万ドルと200万ドルが与えられることになった。なお、愛犬は、殺害予告があったためフロリダの施設に匿われていたが、2010年に12歳で死亡。遺産は飼主が設定した公益信託基金に引き継がれた。この事件は、ペットを養育するための目的信託の判例として有名。アメリカではこのような目的信託自体は有効とされる傾向が強いが、事案により、他の相続人とのバランスをとって減額されることがあることを示してもいる。

から支配する死者に代わって「組織」が支配するようになりつつあると述べておる。つまり、受託者にある程度裁量を認めて、信託の成立、存続を認めようという流れになってきていることを指摘しているのじゃが、アメリカ史全体をみて「法には全く感傷的なところはない。……過去に対する崇拝は全くない。法は役に立たないもの、評判の悪いものは情け容赦なく切り捨てる。信託は実際役に立つ、きわめて有用な道具である。だからこそ今日まで生き延びたのである」とも書かれておる[61]。信託も切り捨てられないようにとの思いが込められていると考えるべきじゃろう。

サミュエル・ジョーンズ・ティルデンとニューヨーク公共図書館

61　前掲注52・P.115

レオナ・ヘルムズリーと愛犬トラブル

　アメリカでは、自分の財産はなるべく自由に使いたい、家族に財産を遺す際にも、なるべく自分の思うように遺したいと考える人が多く、その願いを極力尊重しようという大きな法の流れがあり、信託は多くの場合、これに応えることができたために、広く利用されるようになったということがわかります。その後流れが変わり、今世紀に入ると、目まぐるしく変わる税制や法規制に機動的に対応できるように、受託者により広い裁量権を与える信託が認められるようになってきたということもわかります。

家族信託の話

③

いま、ちまたに溢れている
民事信託、家族信託等に関する本の話

わが国の信託は、明治以来長く信託会社や信託銀行による商事の信託が大半を占め、家族の財産管理のための信託はほとんどありませんでした。しかし、2006年に信託法が抜本的に改正され、受益者の死亡後、あらかじめ指定された者に順次承継される旨を定めた後継ぎ遺贈型受益者連続信託が明文化され、遺言代用信託が徐々に設定されるようになりました。同時に、信託協会に加盟する信託会社等が受託する信託以外にも、一般の個人（委託者の親族が受託者となる場合が多いようです）が受託者となって設定される、いわゆる「民事信託」が耳目を集めるようになってきました。そこで本節は、専業事業者ではない、個人等が受託者となる民事信託、家族信託を扱った本を取り上げ、その動向と問題点について考えてみたいと思います。

成田一正 監修／髙橋倫彦／石脇俊司 著
『「危ない」民事信託の見分け方』

コウキ信くん　博士、最近、大きな書店の法律関係や相続関係のコーナーに行くと、「民事信託[62]」や「家族信託」などというタイトルの本がたくさん並んでいます。あれらは私たちの業務とは関係ないのですか。税理士や司法書士が書いた商売敵の本のような気もしますが。

❻ 家族信託の話　75

博　士　そうじゃのぉ。たしかにこの2年間だけをみても20冊以上、「民事信託」関係の本が出版されておる。玉石混交で、なかには不正確な内容の本もある。共通しているのは、信託銀行や信託会社といった専業事業者が
受託者となるのではなく、家族やその同族会社、資産管理会社などが受託者となる、"一信託につき一受託者"という信託について書かれているということじゃ。信託業法、兼営法が適用されない信託といったほうがわかりやすいかもしれん。しかし、信託銀行等ではやってくれないことができると書かれていることもあるから、注意が必要じゃ。特に最近では、老後に認知症となっても安心できるよう、後事を託しておくとか、家族が相続手続き等で揉めないよう、信託を使って円滑な事業承継、資産承継をしませんかといった提案型の本が増えているようじゃ。

コウキ信くん　信託の宣伝をしてくれるのはありがたいような気もしますが、信託銀行等の専門家ができない信託を勧めて

62　定説はまだないが、一般社団法人民事信託推進センターは、「営利を目的とせず、特定の1人から1回だけ受託する信託を「民事信託」と呼ぶ」と定義し、営利目的の信託を商事信託と定義している（ただし、信託報酬については「民事信託」解説本のなかにも家族等の受託者が受け取ることを認めるものがある）。信託法に基づきオーダー・メイドでつくられるが、目的・用途によってさらに家族信託、福祉型信託、まちづくり信託、事業承継信託などさまざまな信託が提案されている。なお、「家族信託」「ペット信託」「実家信託」は商標登録されている。また2014年には、民事信託の担い手として「民事信託士」の認定団体 一般社団法人民事信託士協会が設立されている。

いるのでしょう。信託の管理・運営って本当に大変なのに、責任をもって勧めてくれているのでしょうか。だいたい彼らは何のメリットがあってそんな本を書いてまで信託を勧めるのですか。

博　士　目を向けなければならないのは、そこじゃ。彼らの提案の一つはこうじゃ。いまの時代は高齢化社会で長生きする人が増えたが、生前に認知症となると財産がいわば凍結状態となってしまう。認知症になると、入院等でお金が必要になっても持家を売ることができず、修繕もできない、荒れ果てていくのを放置せざるをえず、資産価値がドンドン下がってしまう。そこで、家族信託をつくって家族の誰かが受託者となり、たとえ認知症になっても、機動的な対応がとれるようにしておくべき、というのじゃ[63]。成年後見人を付けてもよさそうなものじゃが、成年後見人の場合、不動産の処分には家庭裁判所の許可が必要となるし、原則として財産の維持管理しかできないから、相続対策としての不動産投資など、財産の減るリスクがあることはできず、機動的な対応がとれないというのじゃ[64]。

コウキ信くん　つまり、家族信託や実家信託をつくって老後の不測の事態に備えるお手伝いをしましょう、その時の公正証

---

[63] 日本の個人金融資産1,700兆円の3分の2を保有する高齢者の、平均寿命と健康寿命の差が男性で9年、女性で12年以上あり、拡大傾向にあるという。そして65歳以上の7人に1人が認知症となっていることから、亡くなったときの心配（遺言）より、生前の老後のことを心配すべきということを強調する例が多い。

書の作成だとか、相続税対策の助言などをしますよ、ということですね。

博　士　ビジネスチャンスをねらって書いているというわけではなかろうが、少なくとも、自分が亡くなった後の家族の幸せを願う人や遺される家族の不安・心配がどこにあるかを教えてくれているということはいえるかもしれんのぉ。

コウキ信くん　たしかに、不安を解消するために信託を活用するというのは、いい話ですものね。

博　士　商業利用の信託以上に家族のための信託が盛んに利用されているアメリカでは、1965年に『検認を回避する方法』という本がベストセラーになり、生前信託の利用が普及したといわれておる[65]。'必要は発明の母'じゃ。日本では検認制度はマストではないが[66]、遺留分[67]という制度があり、そこに着目した例もあるぞ。遺留分という制度があるために、自

64　たとえば、奥村眞吾著『事例と関係図でわかる相続税対策としての家族信託』（清文社、2016年）、横手彰太著『相続対策は東京中古ワンルームと家族信託で考えよう』（クロスメディア・パブリッシング、2016年）、杉谷範子著『空き家にさせない！「実家信託」』（日本法令、2016年）など。

65　ローレンス M. フリードマン著／新井誠監訳／紺野包子訳『信託と相続の社会史』（日本評論社、2016年）P.118で紹介されている『検認を回避する方法』とはNorman F. Dacey, "How to Avoid Probate!" (The National Estate Planing Council, 1965) のこと。また「検認」とは、裁判所が遺言の存在と内容を確認する制度のことで、アメリカの相続手続きでは必ず検認手続きを経なければならない。

66　遺言書の保管者が相続の開始を知った時には、家庭裁判所に検認の請求をしなければならないが、遺言書が公正証書により作成された場合は不要とされている（民法1004条）。

分の財産であっても自由に処分することができず、残された家族が不仲になったり、不仲・疎遠が原因で相続手続きが円滑に進まず、大変苦労したりするといった事態に陥らぬよう、その対策として信託を使うことを提案する本や、家業を円滑に承継していくために信託を使って家業の会社を後継ぎに継承していこうと説明する本等もあるのじゃ。さらに、さまざまな民事信託を設定するにあたっての書式集や実務ガイドのような本も出ている。

コウキ信くん 至れり尽くせりじゃないですか。でも、民事信託は、信託業務には素人の個人が受託者になるのでしょう。いっては失礼ですが、本当にちゃんと財産の管理ができるのでしょうか。

博 士 そこが肝心じゃ。そこで、民事信託の問題点を指摘して、注意を促している本が『「危ない」民事信託の見分け方』(日本法令、2016年)じゃ。この本では、信託は設定した後何年も続くものじゃから、託した人の思いに応えて信託が存続していくためには、いくつかクリアしなければならないポイントがあると教えてくれている。簡単にまとめると次のようになる。

①信託を設定した後、受託者が信託事務をきちんと実行して

---

67 遺留分とは、兄弟姉妹以外の相続人に対して認められた相続財産の割合のこと。被相続人の兄弟姉妹以外の相続人には、相続開始とともに相続財産の一定割合を取得しうるという権利(遺留分権)が認められる(民法1028条)。亡くなる1年前までに贈与された財産もその対象となる。

いけるよう、ガイドラインやToDoリストのようなものを用意して、受託者が道を外さないようにしておくこと
②信託財産を正しく分別管理していけるよう、信託口座をつくって管理すること
③税法および信託法上の義務として、信託財産が100万円を超える場合、受託者は受託時に受益者別調書を税務署に提出しなければならず、金額にかかわらず、年1回の決算を行って貸借対照表と損益計算書を作成（10年間保存）しなければならないこと、さらに収益が3万円を超える場合は受益者ごとに収益の計算書を税務署に提出しなければならないこと
④受託者が亡くなったり、信託事務を履行できなくなったりした場合の備えや、連続受益者の誰かが早世した場合の備え、受益者が認知症になる等自らの権利を守ることが途中から困難になったときの備え（受益者代理人の選任等）についても手当しておくこと

コウキ信くん　それだったら、信託銀行のような専門家に任せたほうがよいのではないですか。円滑な相続、事業承継には専門家の手が必要なはずです。

博　士　民事信託等に関する最近の本で、注意しなければならないのは、信託を使うとこんな良いことがある、問題解決が図れると、良い面ばかりを強調しているという点じゃ。まさに『「危ない」民事信託の見分け方』が指摘しているように、信託は「設定してハイ終わり」というものではなく、むし

ろ、そこから信託が始まるのであって、受託者にとっては苦難の道が始まるのかもしれないのじゃ。多くの場合、無報酬でも家族ならやってくれるということが前提となっているが、その時点でやる気があったとしても、何らかの状況の変化があって、思っていたようにできなくなる場合もある。その意味では、ハイブリッド型があってもよいかもしれぬ。専門家が手助けすることによって、より持続可能な仕組みにすることができるかもしれぬ。

コウキ信くん　そうですよね。日本でも、後見制度支援信託のように、後見人が金銭管理を誤ることのないよう信託銀行等に信託をして被後見人の財産を守る制度がありますもんね[68]。

博　士　そうじゃ。フランスでは2007年に民法典のなかに信託の規定（fiducie）が置かれるようになり、民事信託というか、信託制度そのものが使われるようになったんじゃが、利用者を保護するために受託者を金融機関と弁護士に限定し、弁護士が受託者となる場合には預り金を別口座で弁護士団体が管理し、いざという時に備えて保険まで加入を義務づけたそうじゃ[69]。利用者が安心して使えるようにという観点に立てば、個人や資産管理会社だけが受託者となる民事信託と信託銀

---

[68] 裁判所HP「後見人制度において利用する信託の概要」（家庭裁判所）（http://www.courts.go.jp/vcms_lf/210034.pdf）を参照。運用状況については、石井芳明・松永智史「後見制度支援信託の目的とその運用状況について」（信託フォーラムvol. 4（2015年））P.54を参照。

[69] 金塚彩乃「諸外国における信託の利用状況Ⅱ フランスの信託法」（自由と正義vol.66 No 8）P.56－57

行等が受託者となる商事信託という二者選択の対立構造で考えるのではなく、目的を達成するために使える手は総動員して柔軟に考える、という姿勢が必要かもしれないのぉ。

　`コウキ信くん`　わかりました、博士。商売敵と考えるのではなくて、世の中のニーズ、信託の使い道をみつめ直すヒント、私たち専業実務家が知恵を絞るきっかけを与えてくれている、と考えればよいのですね。

おさらい

　民事信託や家族信託に関する本が相次いで出版されていることから、既存の信託会社等では十分に叶えられない信託のニーズがあることが推察されます。しかし、たとえば、「信託報酬が高いのではないか」とか「小規模な案件まで受けてくれるのか」といった不安から、家族を受託者とする民事信託等に頼らざるをえないということであれば、標準化・システム化してまとまった件数を受託できる道を開けば解決できるかもしれません。生前に信託を設定しておこうというニーズが、「万が一、将来認知症になっても安心して財産管理できる状態にしておきたい」「大切な家族が安心して暮らせるために役立ててほしい」ということならば、信託はまだまだ活用・工夫の余地があるのではないでしょうか。民事信託等の昨今の動向は、家族信託がこれから普及していくうえでは過渡期の現象であり、今後の課題を教えてくれているといえます。

❼ 金銭信託の誕生史

　金銭信託は、お金、金銭を信託するものです。現代の私たちからみれば、これが通常の信託だと考えがちですが、信託が発展した中世のイギリスでは、財産といえば土地・建物といった不動産でしたから、信託も不動産の権利を信託するのが一般的でした。その後、近世に入って商工業が徐々に発達するにつれ、信託財産も有価証券等へと拡大していきます。意外なことに、複数の人から金銭を集めて、これを信託で運用して収益をあげるという仕組みは歴史が浅く、投資信託と金銭信託がこれに当たります。それぞれ150年から130年くらい前に誕生しています。投資信託はすでに❸で取り上げたので、本章では金銭信託を取り上げます（正確には、わが国では「合同運用指定金銭信託」英米では「ユニット・トラスト」と呼ばれている信託です）。有価証券等に投資されることも多いようですが、誕生当時は主に貸付けによって運用されていました。日本の信託会社は金銭信託によって発展してきたといわれていますが、どのような経緯でそうなったのでしょう？　金銭信託の誕生と発展について調べてみたいと思います。

坂本正著『金融革新の源流』と呉文炳著『信託経済論』
（くれふみあき）

　コウキ信くん　博士、日本で最初に信託法、信託業法が制定された頃、つまり大正時代の信託業務は金銭信託が中心だったそうですが、これは日本で独自に開発された信託商品ですか。それとも、信託発祥の地であるイギ

リス、あるいはさまざまな商事の分野で信託が利用されたアメリカに起源があるのでしょうか。

　また金銭信託の歴史は、日本の場合、投資信託より古いですが、外国の場合も金銭信託のほうが古いのでしょうか。

　　博　士　　おもしろいところに興味をもったのぉ。明治、大正の頃の先輩たちは、産業が発達した西欧に追いつけ、追い越せの精神で、外国で広く利用されている制度をどうしたら日本にうまく取り入れることができるか、に一生懸命じゃった。そこで19世紀末から20世紀初めにかけて、アメリカの金融業界で急速に伸びている信託会社の業務についても熱心に研究したのじゃ[70]。その一つが信託預金で、金銭信託はアメリカの信託会社が急成長した原因の一つといわれる信託預金（deposits of money in trust）をモデルにしたといわれておる。坂本正先生の『金融革新の源流』によれば、その頃のアメリカの信託会社は信託預金と証券担保貸出、長期信用で金融業界の革命児ともいえる存在だったそうじゃ。

　コウキ信くん　　へぇ、すごいですね。でも、信託預金というのは少し変ですね。信託と銀行預金とは別物でしょう。また証券担保貸出は銀行業務でしょう。それを信託会社がやっていたんですか。

　　博　士　　そこなんじゃ。当時のアメリカの信託会社

70　阪井徳太郎編『英米訪問實業團誌』（十一年会、1926年）など。

は、顧客の資金を利息付きで預金のように受け入れ、それを貸し付けることができたのじゃ。これに対し当時の銀行は、要求払預金に利息を付けておらず、貸出も短期の信用貸出がコア業務じゃった。そこで富裕層を中心に信託会社にお金が集まり、資金需要の旺盛な企業からも信託会社は頼りにされたため、急成長したのだそうじゃ[71]。

1900年頃の信託会社

コウキ信くん 一般の銀行と比べてどこが良かったのですか。

博士 当時の銀行は銀行券を発行することができたが、信用維持の観点から規制が多くて急拡大を遂げつつある企業のニーズに十分対応できなかったのじゃ。これに対し信託会社は、規制が比較的緩く、幅広い業務権限が与えられていたため、預けようという人、借りたいという人、双方のニーズに柔軟に応えることができたことで、急成長したのじゃ。そこで、銀行から信託会社、信託会社から銀行への相互参入が進んだそうじゃ。

コウキ信くん それでアメリカの銀行は信託業務を併営していたり、○○トラスト・カンパニーという社名の銀行があった

---

[71] 坂本正著『金融革新の源流』(文眞堂、1997年)。特に、P.268以下の「第9章 第一次金融革新と信託会社」を参照。

りするのですね。ところで博士、投資信託と金銭信託とでは、どちらが先に誕生したんですか。たしか、最初の投資信託が誕生したのは明治維新の頃ではなかったですか。

博　士　おぉ、よく覚えていたのぉ。投資信託が最初に誕生したのはイギリスで、1868年のことじゃ。アメリカでも19世紀末には投資信託があったが、急速に広まったのは第一次世界大戦後、1920年代以降のことじゃ。これに対し信託預金のほうは、「いつ」「誰が」誕生させたかはよくわからぬが、いま話したように、預かったお金をまとめて合同で運用するという信託を当時のアメリカでは信託預金と呼んでいた。その仕組みが日本の金銭信託のモデルとなったと考えられ、それが19世紀末から20世紀にかけてのことじゃから、アメリカで一般化した順序としては金銭信託のほうが早い、ということになるかもしれんのぉ。

コウキ信くん　なるほど、それぞれ国によって経済状況や社会状況が違うので、一つのところで良いものが生み出されたといっても、それが一挙に広まるとは限らないのですね。では、

フランシス・ヘンリー・フリース（1855-1931）

1893年にワコビア貸付け・信託会社を設立し、1912年にアメリカ銀行協会の初代信託部会長となった

日本に金銭信託が登場したのはいつ頃のことですか。

　博　士　　日本で最初に信託預金を始めたのは日本統治時代の台湾銀行[72]で、1916（大正5）年のことだそうじゃ[73]。この信託預金、利回りが銀行預金よりも良かったから大ヒットし、東京・大阪から多数の預入れがあったそうじゃ。そこで日本興業銀行が追随したほか、当時500あまりあった信託会社の多くがこれに参入したものだから、銀行業界が脅威に感じたほどじゃ。

　そこで1922（大正11）年の信託業法制定時に投資家保護の観点からいくつかの運用規制と利息保証が手当され、業法上「金銭信託」として商品内容が整理されたのじゃ。このバージョンアップした金銭信託は、関東大震災後に参入した財閥系信託会社を中心に大ヒットし、金融不況のなかでも信託会社が急成長する原動力となったのじゃ（P.92の図

山成喬六（1872年～1960年）

台湾銀行理事で信託預金の発売を推進した

72　当時、台湾は日本が統治しており、台湾銀行法に基づく特殊銀行だった。
73　栗栖赳夫『信託法・財団抵当法の研究』（有斐閣、1968年）P.79、久末亮一「台湾銀行による『信託預金』の創出と影響」信託研究奨励金論集　第33号（信託協会、2012年）P.120以下、『臺灣銀行二十年史』（台湾銀行、1919年）P.346

表を参照)。三井信託の初代社長・米山梅吉氏は、三井銀行時代、取引先の事業家から設備資金のように回収に時間を要する融資は借りにくいという話をしばしば聞いており、「短期資金を集めては貸出に運用する普通銀行にはどうしても限界がある。金銭信託こそ、そうした需要に応えるに相応しい」と感じていたそうじゃ[74]。このように、社会のニーズに応えたから、関東大震災(1923年)後の混乱や昭和金融恐慌(1927年)があっても金銭信託は銀行預金に比べて順調に増加していったのではないかのぉ。

コウキ信くん　そうかもしれませんね。ところで、日本でも信託預金という言葉が当初使われていたところをみると、銀行預金との違いは問題にならなかったのですか。そもそも、ちゃんと区別がついていたのですか。

博　士　鋭いところを突いてくるのぉ。信託業法制定時の重要な争点のなかに、信託会社の銀行業兼営問題と信託預金の問題があったんじゃ。激しい議論が展開された結果、日本の金融政策として、信託会社に銀行業の兼営を認めず、金銭信託として長期資金の吸収と供給を担わせることにしたのじゃ。銀行業と信託業の兼営問題は、その後も第二次世界大戦前後に議論されるなど、金融制度問題における重要な論点の一つとして何度か議論されたが、大きな流れとしては緩和の方向に進んだのじゃ。初期の頃の経緯に関しては麻島昭一著の『日本信託

---

[74]　三戸岡道夫『米山梅吉の一生』(栄光出版社、2009年) P.182

業発展史』[75]が詳しい。

また、金銭信託と銀行預金の違いを理論的に整理して説明してくれる本としては、呉文炳著の『信託経済論』がまとまっている[76]。簡単にいうと呉氏は、信託預金なる言葉は俗語にすぎないとしたうえで、金銭信託と銀行預金の違いを次のように説明している。

呉文炳（1890〜1981年）

まず経済的側面からいうと、銀行は、出し入れの激しい短期的資金を中心に預金を集めており、その運用としての貸出も短期中心にならざるをえない、定期もあるがウェイトが低く、長期の資金需要に十分応えていない。これに対し金銭信託は、不要不急の資金を2年以上の長期にわたり預かり、これを設備資金等の長期間かけて返済していくべき資金として貸し出すところに特徴があるといわれる。

次に法的側面からは、銀行預金は、利息付きの金銭消費寄託であるから、銀行は期日に約束した元本と利息を支払いさえすればよく、その間どのようなことに運用することも自由にできるのに対して、金銭信託は、信託行為であらかじめ定められた

75　麻島昭一『日本信託業発展史』（有斐閣、1969年）。特に、1922年の信託業法制定の経緯についてはP.96-148
76　呉文炳『信託経済論』（日本評論社、1933年）P.124ならびにP.158-170

目的に従って善良なる管理者の注意を払って運用しなければならず、違反すると損害賠償しなければならなくなるとされる。したがって、経済的にも法的にも、違うのは明らかじゃと説明されるのじゃ。

コウキ信くん　金銭信託というのは、信託会社と同じくらい歴史がある信託商品なのですね。

おさらい

　わが国の金銭信託は、投資信託に次ぐ残高（2018年3月末で約125兆円）を誇っていますが、現在は特定運用が大部分を占めます。しかし、「合同運用指定金銭信託」となると、貸付けや有価証券等で運用するという点で、金銭信託は銀行の預金とよく似てきます。銀行預金は、預金者から借りてきた金銭を、銀行が自己の責任において企業等に貸付けを行ったり、国債等の有価証券に運用することによって利益をあげ、預金者に約束した利息を支払うというのが基本的な仕組みです。これに対し、金銭信託は、信託財産となった金銭を貸付けや有価証券等への運用を行い、受託者は一定の信託報酬を受け取った後、残りの利益をすべて受益者に配当するというのが基本的な仕組みです。これを運用者の立場からみると、約束した利息さえ払えばすべての利益は自分のものになるのが預金で、一定の信託報酬以外はいくら利益をあげても受益者に配当しなければならないのが信託ということになります。

　しかし、貸付けによる運用という観点からみると、貸付金

利と銀行利息または信託の配当との差がそれぞれ運用者の利益になりますから、両者はきわめて似ています。そのような状況のもと、規制環境に違いがあったために信託が有利な状況となり、勃興期の信託会社の隆盛をもたらしたということがわかります。

当時の信託預金の広告チラシ

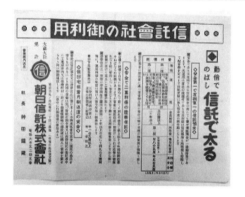

図表　昭和初期の銀行預金と金銭信託の残高推移

(単位：百万円)

	1926 (昭和元)年	1927 (昭和2)年	1928 (昭和3)年	1929 (昭和4)年	1930 (昭和5)年	1931 (昭和6)年
普通預金	9,031	8,906	9,215	9,213	8,658	8,174
(指数)	1.00	0.99	1.02	1.02	0.96	0.91
金銭信託	439	709	1,008	1,163	1,173	1,217
(指数)	1.00	1.62	2.30	2.65	2.67	2.77

（注）　指数は1926（昭和元）年を1とした割合
（出所）　信託協会

❽ ナショナル・トラストの話

①

ナショナル・トラストを創設した3人

　ナショナル・トラストは、自然景観や歴史的建造物等を保存・保護するために用いられる仕組みです。国等が法律に基づき法人格を特別に与えた法人ですが、管理・運用に従事する責任者は受託者と呼ばれ、託された財産につき公益信託と同様の義務を負って管理・運用しなければなりません。厳密にいえば信託ではありませんが、信託の仕組みを使って運営されているといえます。公益的な目的のために運営されるため、この法人に財産を譲渡した者には譲渡税や相続税が免除されたり、管理・運用の過程であげた収益等に対して税が減免されるという優遇措置が講じられることが多く、発祥の地イギリスでは、非常に広く利用されています。厳密には信託でないといいながら、トラストという名称を使っているのはなぜでしょうか？　信託とどこが同じでどこが異なるのでしょうか？　本章では、その誕生時に活躍した人々にスポットを当て、ナショナル・トラストについて学んでみたいと思います。

　本節ではまず、イギリスで最初にナショナル・トラストを立ち上げた3人を取り上げます。

マーフィー著・四元忠博訳
『ナショナル・トラストの誕生』

コウキ信くん　博士、ナショナル・トラストは、ピーターラビットの作者ビアトリクス・ポターが始めたものではないんですってね。

いったい、誰が、何を目的として始めたのですか。

　またトラストというからには、この信託の受託者は誰なのですか。

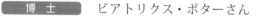

　博　士　ビアトリクス・ポターさんは、ナショナル・トラスト創設間もない頃の功労者であることは間違いないが、立ち上げたのは、弁護士のロバート・ハンター、イギリスの代表的女性活動家の1人オクタヴィア・ヒル、それにハードウィック・ローンズリー牧師の3人といわれておる。1895年に、ウェストミンスター公爵を初代総裁に担ぎ、最初は会社法に基づく非営利法人として議会の勅許を得て設立された。一言でいうと、ナショナル・トラストは歴史的建物や自然環境保護のために土地等を受託し保存管理する法人じゃ。1907年のナショナル・トラスト法によって、取得した資産を譲渡不可と宣言する権限が付与されたため、転売のおそれなく安心して資産を提供できるようになって受入資産が増え始めた。

その後1937年の改正で、ナショナル・トラストに資産を提供した場合や、譲渡はしなくとも保存するという契約を結んだ場合は相続税が減額されるようになって、さらに発展したのじゃ。

　このようにナショナル・トラストは、国民のための公共スペースと歴史的建造物を保護するという活動趣旨に賛同する人を長い時間をかけて徐々に増やしていったので、国からの協力

も得られ、保存対象の拡大が実現できたのじゃ。いまでは、全長775マイル（約124万km）に及ぶ海岸線、24.7万ヘクタールの土地、500もの建物等を保有・管理する団体じゃ[77]。人の力というのは、結集するとまったくすごいことになるのぉ。

　コウキ信くん　19世紀後半は、産業革命による工業化の影響で、イギリスの国土環境は相当ひどいものだったでしょうからねぇ。それが観光資源へと変わったのですから、すばらしい話ですね。

　博　士　四元先生が訳された本の巻頭に掲載されている写真をみると、どのような自然、どのような環境を遺そうとしたのかがある程度推察できる。当時は環境保護法のようなものはなかったから、工場から出る排煙等による大気汚染が問題だったことは有名じゃ。しかし同時並行で進行していた農業革命の影響で、住民たちが共同利用できる入会地やオープン・スペースを地主が囲い込もうとしたことも問題だったんじゃ。

　ロバート・ハンターは、もともと「入会地保存協会」の懸賞論文

ロバート・ハンター

（出所）　https://www.nationaltrust.org.uk/lists/our-history-1884-1945

---

[77] National Trust Annual Report 2016/17, P.2

に応募したのがきっかけで、同協会の顧問弁護士となり、囲い込みをしようとする地主との法廷闘争を展開して、住民たちの入会地等を利用する権利を認めさせたんじゃ。しかし個別に権利を認めさせるより、資金を集めて地主から直接土地を買い取って皆で利用するほうが効率的ということになり、そちらの方向に進んでいった。また、ヒル女史も、劣悪な住環境のもとで暮らす低賃金労働者のための住環境改善運動を行ううちに、いっそのことオープン・スペースを買い取ってしまおうという考えをもつようになった。これに湖水地方の保存を訴えていたローンズリー牧師が呼応し、この3人が運動の中心となり、ナショナル・トラストとして土地等を維持管理していく仕組みを立ち上げたというわけじゃ。

コウキ信くん そうだったんですか。たしかに、本文中に都会の住宅の間にある中庭のような写真がありましたが、あれは共同で利用するオープン・スペースだったのですね。ナショナル・トラストで遺そうとしたのは、美しい自然や建物だけではなかったということを初めて知りました。ところで博士、ナショナル・トラストは、純粋な意味の信託ではなく、法人だったのでしょう。それなのになぜトラストという言葉が使われているのですか。

博　士 ヒル女史が「トラスト」という言葉を名称のなかに入れたほうがよいと言い出し、ハンター弁護士がそれなら「ナショナル・トラスト」(「国民のための信託」の意)という言葉がよいのではないかと考えたそうじゃ[78]。多くの人々から

資金を募り、計画的に土地を購入していくには、それなりの組織としておく必要があるということで会社組織にはしているが、仕組みは信託と同じで、役員もトラスティーと呼ばれておる。遺したい財産を他人から購入するための基金なのであり、人々がトラストに安心して寄付できるようにしたいということで命名されたそうじゃ[79]。

オクタヴィア・ヒル

（出所）http://www.octaviahill.com/

　当時はターンパイク・トラスト[80]のように特別法で法人格をもちながら、取締役に当たる立場の人が受託者となって管理運営することは珍しくはなかった。ナショナル・トラストも、組織に属して保存活動に携わる人全体が受託者と考えることもできるのではないかのぅ。

　具体的な活動例として信託博物館では、イギリスの公益信託

78　マーフィー著／四元忠博訳『ナショナル・トラストの誕生』（緑風出版、1992年）P.158-159
79　正式名称はNational Trust for Places of Historic Interest or Natural Beauty
80　有料道路を建設し、利用者から通行料を徴収して維持管理するために、地方自治体から、特別に法人格を与えられた信託の仕組み。18世紀後半から19世紀前半にかけて、イギリスで盛んに利用され、産業革命前の国内インフラ整備に貢献した。

を紹介する説明スライドのなかで、ナショナル・トラストが最初に購入した物件二つ（カーディガン湾、アルフリストン牧師館）を紹介しているが、この本でもそれにまつわる苦労話が紹介されている[81]。アルフリストン牧師館は、壊れかかっていたため10ポンドで購入できたが、改修に350ポンドもかかったそうじゃ。

 一つひとつの物件に、それぞれ歴史があるでしょうから、おもしろい話もたくさんあるのでしょうね。

 博 士 そうじゃのぉ、信託博物館の付属資料室には、個々のナショナル・トラストを紹介する写真集も配架されておるから、その写真をみるだけでもおもしろいのではないかのぉ。また日本のナショナル・トラストに関しては、草分けといわれる鎌倉風致保存会（1964年設立）と作家大佛次郎にまつわる話など、各地の自然や歴史的環境を保存しようという動きや、日本ナショナル・トラスト協会が設立（1992年）され本格的な活動を進めるまでの道のりを紹介する『ナショナル・トラスト』（木原敬吉著）という本もあるから、参考になるのではないかのぅ。

おさらい

意外なことに、イギリスのナショナル・トラストは多くの人々から広く寄付を募り、国民に安心して託してもらうために

81　前掲注78・P.166 - 168

「トラスト」という名称が使われたのでした。しかし、単に名称だけではなく、仕組みも基本的なところは信託の仕組みが使われています。ただ、永続的に活動を続けていくために法人であることが求められたのだと思われます。アメリカでは、信託会社によって商事分野でさまざまな信託が工夫・開発されましたが、イギリスでは、ナショナル・トラストのほか、「ターンパイク・トラスト」や「カナル・トラスト」のように道路や運河を管理・運営する機関にも信託の仕組みが利用されています。イギリスの信託活用方法の一つの特徴といえるかもしれません。

8 ナショナル・トラストの話

②

『ピーターラビット』の作者ポターが遺そうとしたもの

　絵本『ピーターラビットのおはなし』は、イギリスの湖水地方が舞台となっているといわれています。絵本の原作者ビアトリクス・ポターは、湖水地方の自然を愛し、生前から湖水地方の土地や建物、自然を遺すために買い取り、死後、それをナショナル・トラストに寄贈しました。本節では、ポターとナショナル・トラスト、ピーターラビットの関係を解き明かそうと思います。

吉田新一著『ピーターラビットの世界』
河野芳英著『ピーターラビットの世界へ』

コウキ信くん　博士、2016年はピーターラビットの原作者ビアトリクス・ポターの生誕150周年だったそうですね。信託博物館では、ピーターラビット関係の展示もしていますが、信託と何か関係があるのでしょうか。

博　士　ビアトリクス・ポターさんは1866年にロンドンで生まれた。生誕150周年に当たる2016年にはイギリスだけでなく、日本など世界各地でさまざまなイベントが行われた。

　「ピーターラビットの絵本」に登場する動物たちは、いずれも愛らしく、世界中の人々に親

しまれているが、ポターさんはいろんなところで信託と縁があり、父親のルパート・ポター氏の相続財産で設定された信託では共同受託者を務めたそうじゃ。また父親のルパート氏はナショナル・トラストの第一号終身会員[82]といわれておる。その娘であるビアトリクス・ポターさん自身、ナショナル・トラストを通じて湖水地方の自然保護、景観保全に多大な貢献をしたのじゃから、きわめて信託と縁のある方だったということは間違いなかろう。

　コウキ信くん　そうなんですか。では、具体的にどんな貢献をしたのですか。湖水地方の大地主か、何かだったのでしょうか。

　博　士　たしかに晩年は大地主じゃったが、もともとはロンドンの生まれの都会育ちで、湖水地方に縁があったわけではない。子供の頃、家族と避暑で滞在した際、湖水地方の美しい景観とのびのびとした環境が気に入ったようじゃ。そして湖水地方のレイ教区に赴任してきたローンズリー牧師と知り合い、ナショナル・トラストの立ち上げに加わった彼が

ビアトリクス・ポター

82　吉田新一『ピーターラビットの世界』（日本エディタースクール出版部、1994年）P.46

展開する湖水地方の自然保護運動に共感を覚えるようになったのじゃ。

　その後、家庭教師だったムーアさんの子供が病気になった際、お見舞いのために送った絵手紙を基に、ローンズリー牧師らからの励ましもあって、絵本『ピーターラビットのおはなし』(1902年)を完成させたのじゃ。この出版による印税は彼女が自らの力で得たお金じゃったから、これを元手に両親には投資目的と説明して、ニア・ソーリー村のヒル・トップ農場を購入したのじゃ。そして婚約者の突然の死という悲しみを紛らす意味もあり、ヒル・トップ農場に通っているうちにこの地がさらに好きになり、住みつくようになったのじゃ。

コウキ信くん　それで彼女の絵本にはニア・ソーリー村やヒル・トップ農場を舞台にした作品が多いのですね。それらの印税で次々と湖水地方を買っていったのですね。絵本作家って儲かるんですねぇ。

博　士　彼女の作品は非常によく売れ、増刷に次ぐ増刷だったようじゃが、ブランドの価値を最大限守ろうとするなどビジネス感覚も優れておったようじゃ。ナショナル・トラスト運動に積極的にかかわるようになったのは、ローンズリー牧師が亡くなってからのことで、1924年には、開発業者から湖水地方を守るため、トラウトベック・パーク農場を購入し、周囲の土地が開発業者の手に渡らぬように道路沿いの土地から購入していったそうじゃ。それだけでなく、ナショナル・トラストが土地等を購入していく活動にも積極的に協力し、ウィンダ

ミア湖のコックショット岬の保護運動では、募金活動支援のために自筆の挿絵を提供した（1927年）。このあたりの話は、吉田新一著の『ピーターラビットの世界』が詳しいから、参考にするといい[83]。

最終的に4,300エーカーもの土地と15の農場や建物をナショナル・トラストに遺贈したのじゃ。ポターさんの貢献によって、湖水地方の自然・景観を後世に遺す道筋ができたことは間違いなかろう。

コウキ信くん 私たちのような凡人には、なかなかできないことですね。

でも、ポターさんは、ローンズリー牧師の教え、考え方を忠実に実現させただけなのでしょうか。彼女の遺したかったのは何だったんでしょうね。

また日本で絵本『ピーターラビットのおはなし』の世界が知られるようになったのはいつ頃からですか。やはり、戦後（第二次世界大戦後）ですか。

博　士 フレデリック・ウォーン社という版権元から許可を得て、日本で翻訳本が出版されたのは1971年のことじゃ。ストーリーが紹介されたのはそれより古く、河野芳英先生が書かれた『ピーターラビットの世界へ』によれば、イギリスで初版本が出版された4年後には『悪戯な小兎』というタイトルで雑誌（『日本農業雑誌』第2巻第3号）に紹介されてい

---

[83] 前掲注82・P.83-91

たそうじゃ[84]。さらに河野先生の研究によれば、日本人はピーターラビットが大好きで戦前からすでに紙芝居があり、戦後には話を朗読したレコードが発売されておるそうじゃ[85]。

　ところで、彼女が遺したかったものじゃが、遺言に絵本の舞台となった世界が忠実に残るよう指示しているところなどからみて、自分が愛した湖水地方とそこを舞台に生み出した絵本の世界がそのまま残り、自分の作品が読み続けられることを願ったのではないかな。そこを訪れることにより、自然と景観に感動するとともに絵本の世界にも思いを馳せてもらう、絵本を読んだ人に、舞台となった土地を訪ねてもらうことにより、在りし日を偲んでもらう、それが実現されることをナショナル・トラストに託したのではないかな。

　ビアトリクス・ポターは、湖水地方の美しい景観を絵本の世界で遺そうとしだけでなく、ナショナル・トラストを通じて実際の自然もできる限りそのまま遺そうとしました。『ピーターラビット』シリーズの絵本を読んで、絵本の世界がそのまま残っているのなら、実際に行ってみたいと思う人も多いでしょうから、相乗効果が期待できます。イギリスのナショナ

84　河野芳英著『ピーターラビットの世界へ』(河出書房新社、2016年) P.100－112
85　紙芝居としては、『ピーター兎』(1938年)、『うさぎのピーター』(1950年) など。レコードには『ピーターうさぎ』(1957年) がある（前掲注84・P.108－112)。

ル・トラストはポターが遺したものだけではありませんが、ピーターラビットをきっかけに、ナショナル・トラストには、ほかにもたくさんの自然景観や歴史的建造物があるということを知り、興味をもってくださるかもしれません。

ビアトリクス・ポターの生涯

1866年	誕生
1882年	避暑先のレイ・カースルでハードウィック・ローンズリー牧師と出会う
1895年	父ルパードがナショナル・トラストの第1号終身会員となる
1901年	私家版『ピーターラビットのおはなし』を自費出版
1902年	『ピーターラビットのおはなし』(①)を出版
1905年	ノーマン・ウォーンと婚約(⇒急死)。ヒルトップ農場を購入
1906年	『日本農業雑誌』に『悪戯な小兎』(②)として紹介される
1909年	カールス・ファームを購入(ウィリアム・ヒーリスと出会う)
1913年	弁護士のウィリアム・ヒーリスと結婚
1920年	ローンズリー牧師死
1924年	トラウトベック・パーク農場(約2,000エーカー)を購入
1927年	コックショット岬保存のためナショナル・トラスト運動に参加
1929年	モンク・コニストン(約4,000エーカー)を購入(後に半分はナショナル・トラストに譲渡)
1943年	カールス・コテッジにて死去 4,300エーカーの土地と15の農場・建物をナショナル・トラストに遺贈
1946年	ヒルトップ農場、ナショナル・トラストより入場料1シリングで一般公開
1971年	『ピーターラビットのおはなし』日本版(③)が出版(翻訳)される
1986年	ヒーリス法律事務所をビアトリクス・ポター博物館として公開

①『ピータラビットのおはなし』

②日本ではじめて雑誌で紹介された時の挿絵

③日本語版

≪ビアトリクス・ポターとその家族・関係者等≫

❾ 古代人の遺言と信託の話

　信託は、信頼できる第三者に財産を託して、託された内容を実現するように管理・運用・処分してもらう法制度です。しかし、第三者に財産を託すという仕組み自体は、信託以外にも、古今東西いたるところにみられます。本章は、古代エジプトと古代ローマ、平安時代の日本にもあった、信託類似の仕組みを紹介します。

キケロー著／永田康昭他訳『善と悪の究極について』
米倉明著『信託法・成年後見の研究』

コウキ信くん　博士、信託博物館の「信託の萌芽」コーナーでは、古代エジプトの譲渡証書などが紹介されています。誰かに何かを託すという点ではたしかにそうだと思いますが、ややこじつけ気味ではないですか。

　それとも、信託とのつながりを指摘する根拠となる文献がどこかにあるのですか。

博士　今日は随分と手厳しいのぉ。たしかに、信託そのものとはいえんが、誰かに何かを託すという行為は、イギリスで「信託」という制度が設立する前からさまざまな国・地域で行われていたことは確かじゃ。そのなかには信託につながる素地がみられるということを指摘する学者も

おり、それがいくつか紹介されておる。そこで今回は、信託が誕生する前の話をしよう。

　そもそも信託の起源や素地に関しては、諸説がある。たとえばアメリカ銀行協会は、『アメリカの信託業務』という本で、信託そのものではないが、信託の起源といえるものとして、古代エジプトの遺言を紹介しておる[86]。そこで引用されているのがウィグモアという学者の本なんじゃが、この本は、古代エジプト、古代メソポタミアから始まって、世界各地の法制度を紹介している。古代エジプトの法制度は1巻の冒頭にあるが、2巻には日本の法制度なども紹介されており、興味深い本な

メリーの譲渡証書

"メリーは、自分の息子インテフに、故センウセルト2世の神殿における『時計の見張り役』という彼自身の役職を渡す。そして、息子インテフの母に譲渡するとした手続きを破棄し、ネベトネンニス（再婚相手）との間にできた子供に財産を贈る。"という趣旨のことが書かれている。

86　アメリカ銀行協会編／三井信託銀行信託部訳『アメリカの信託業務』（東洋経済新報社、1975年）p.433、Edwin Mclinnis "Trust Functions and Services"（1971）P.3－4

のじゃ。脱線してしまったが、ウィグモアによれば、紀元前1805年に石に刻まれた遺言「ウァーの遺言」が信託の起源につながる最も古いものだそうじゃ[87]。しかし、さらに詳しく調べてみると、これよりもう少し古い紀元前1818年頃にパピルスに書かれた「メリーの譲渡証書」が見つかっておるそうで、信託博物館ではこちらのほうを紹介しておる[88]。

　一方、ハムラビ法典にフィデューシャリー・デューティーにつながる萌芽がみられるとおっしゃったのはフランケル先生じゃ[89]。

コウキ信くん　イギリスでは、古代ローマに信託の起源があるという学説があったと以前にうかがいましたが（❶P.15）、古代ローマにも、信託の素地といえるようなものがあったのでしょうか。

博　士　東京大学名誉教授の米倉明先生は、信託が発生したそもそもの精神はどのようなものであったかをある講演会で論じておられる。そこで、古代ローマで信託遺贈という仕組みがあったことを紹介しており[90]、古代ローマの相続法では、財産を譲ることのできる者が決まっておったんじゃが、中には相続させることができない者へも財産を遺したいという場

87　John Henry Wigmore "A Panorama of the World's Legal Systems" (1928) P.22
88　F. Le. Griffith, "*HIERATIC PAPYRI FROM KAHUN AND GUROB*" (1898) P.29
89　Tamar Frankel "Fiduciary Law" (2011) P.80
90　米倉明『信託法・成年後見の研究』（新青出版、1998年）P.302

合があって、その欲求は人間の本質的なものじゃったから、それを叶える手段の一つとして信託遺贈が利用されたとおっしゃるんじゃ。モンテスキューはそのことを『法の精神』のなかで紹介しておるそうじゃ[91]。

イタリア最高裁前のキケロー像

またローマの哲人キケローは、善の究極の一例として、ほかに誰も知る者がいなかったにもかかわらず、友との生前の約束を守って遺産を未亡人に返した人の話をあげている。さらにキケローは、生前に信託遺贈していたことを周りの人が知っていたのに、自分が遺産相続人だと言い張って財産を渡そうとしなかった人のことを悪の究極の例にあげている。つまり、善と悪の究極、誰が高潔で誰がそうでないかを、信託遺贈の約束を果たしたか否かで論じているということじゃ[92]。

信託法務官を設置した皇帝アウグストゥス

---

[91] モンテスキュー著／野田良之他訳『法の精神』[下]（岩波書店、1989年）第6部第27編 P.121-135

コウキ信くん　それで約束を守らない人に約束を守らせるために、専門の法務官を置いたのが初代皇帝アウグストゥスだったのですね。

　イギリスのヘンリー8世がユースをやめさせようとしたのに対して、アウグストゥスは、信託遺贈を守らせようとしたんですね。それなのに、なぜローマでは信託制度が確立しなかったのですか。

博　士　それは、その後遺贈や相続に関する制限や契約の制限が緩くなっていき、わざわざ信託にしなくとも、目的が達せられるようになったからなんじゃ[93]。イギリスの場合は、ユースを使わないと目的が達せられない時代が長く続き、その後も信託を利用することによって、家族のための財産承継が自由かつ弾力的にできた。またその間、受益権の法理や受託者の義務の法理などが確立していった。ある制約がなくなっても別の制約等ができたときに、それを乗り越えるために利用できないかというように、財産承継の重要な法体系として、信託法理やフィデューシャリーの法理が発展していったのじゃ。ローマの場合は、ほかに転用が可能で有用な仕組みとなるまでの時間がなかったというのが、理由といえば理由ということになろうかのぉ。

コウキ信くん　制約を克服するための工夫の過程のなかで、

92　永田康昭他訳『キケロー選集10―善と悪の究極について―』（岩波書店、2000年）P.106、P.109
93　船田享二著『羅馬法』（岩波書店、1943年）P.407、P.564

信託という便利で汎用性のある制度が発展してきたのですね。「必要は発明の母」という言葉に通じるものがありますね。だからこそ、廃れてしまわないよう、その特徴をよく理解して、新しいことに挑戦していかなければいけないんですね。

博　士　そうじゃ、そのとおりじゃ。ところで、先ほどの米倉先生は、信託の素地を考えるにあたり、「託す」「託される」関係に加え、託された者が託された財産を自分の財産とは分けて管理運用（独立財産化）するという要素をあげ、これらを満たした場合には信託の素地があったと考えてよいのではないかとおっしゃっている。

そして日本においても、さまざまな信託の素地があったと仰っており、日本最古の例として平安時代に弘法大師・空海がつくった綜芸種智院(しゅげいしゅちいん)をあげておられる（828年頃）[94]。一言でいうと、貴族から託された土地と屋敷を使って庶民に教育を施したのじゃが、文献をみると、自己の財産とは切り分けられていた形跡があるそうじゃ。

コウキ信くん　日本人に信頼に応えるという文化が昔からあったことがわかり、うれしいですね。また、なかなか記録が残っていない古代エジプトやローマの話として、王侯貴族ではなく庶民が託した事例が残っているというのも、信頼とそれに応えることが普遍的なものであった証のようでホッとする反面、託される者としては身が引き締まりますよね。

94　前掲注90・P.26

綜芸種智院跡の駒札（京都）

（出所） https://kanko.city.kyoto.lg.jp/detail.php?InforKindCode=10&ManageCode=317

　「信託」というには、①託された財産を自分の財産と分けて管理すること（分別管理）、それに伴い、②受託者から実質的に独立した財産としてみなされること（倒産隔離）、③受託者が不正行為を働かないための義務を負っていること（信認義務）、④それらが一つの法制度として確立していること、が必要となります。

　本章の三つの事例に当てはめてみると、エジプトの事例は古くて詳細が不明なため、どこまで妥当するかはわかりませんが、古代ローマと空海の綜芸種智院は、①から③までは何とか充足したとしても、④の法制度として確立していなかったことがその後続かなかった要因ではないかと思われます。いくら初代皇帝アウグストゥスが守らせようと尽力しても、それを引き

継いでくれる人がいないと他の代替手段に取って代わられてしまいます。ニーズを満たして利用し続けることができることが重要である、ということを教えてくれているのではないでしょうか。

文学に登場する信託

アメリカやイギリスの推理小説では信託がよく登場します。どのような場面に登場するかといいますと、たとえば、莫大な財産の相続が、信託によって、普通に相続した場合と異なる内容、異なる人に渡ったため、その利益を受けられなくなった人が自分に利益がまわってくるようにと殺人等さまざまな事件を起こすというのが典型です。つまり、場面設定のための小道具として使われているのです。

推理小説で信託が使われている例と場面

☞**アガサ・クリスティ**

イギリスの小説家であるためか、クリスティの推理小説には信託が多く使われています。『葬儀を終えて』では、財産を六等分してそのうち四つを甥や姪に贈った後、残りの二つをそれぞれ信託にして、その収益を弟の妻と妹に終身支払うとされており（加島祥造訳『葬儀を終えて』29頁）、『パディントン発4時50分』では、亡くなった父親は多額の財産を信託にして遺していたと書かれています（松下祥子訳『パディントン

アガサ・クリスティ
（1890〜1976年）

発4時50分』124頁)。

☞ コナン・ドイル

『シャーロック・ホームズの冒険』には、奇妙な状況設定のために信託が使われているものがあります。『赤毛組合』というお話では、アメリカの百万長者が巨額の遺産を信託にして、自分と同じ髪の色をした男性に、ある簡単な仕事をすることを条件に、その莫大な信託財産の受益者にするという仕掛けとなっています（深町眞理子訳『シャーロック・ホームズの冒険』第二話「赤毛組合」65頁）。

コナン・ドイル
(1859〜1930年)

☞ エラリー・クイーン

後期の傑作の一つといわれる『災厄の町』では、おじいさんがかなりのお金を信託基金に入れていたところ、おじいさんが亡くなったので、それをもらったというくだりがあります（越前敏弥訳『災厄の町』［新訳版］138頁）。

エラリー・クイーンは、フレデリック・ダネイとマンフレッド・ベニントン・リーが探偵小説を書くために用いたペンネームです。

エラリー・クイーン
(1905〜82年／1905〜71年)

☞ E.S.ガードナー

昔懐かしいペリー・メイスンシリーズの一つ『すねた娘』という話では、若い娘を遺して亡くなった資産家が、遺言で全財産を信託にしたうえで、娘が25歳までに結婚したら、5千ドル

だけを渡して、後は受託者の裁量で慈善事業に寄付してよいとしたことが、事件のスタートラインとして使われています（大岡昇平訳『すねた娘』27-28頁）。

　このように英米では、推理小説のなかでさりげなく信託が使われており、信託が財産管理、財産承継において身近でよく利用される仕組みということがうかがわれます。

　さらに、厳密な意味で信託といえないかもしれませんが、信託の仕組みに近いと思われる仕組みは、世界のあちこちで文学作品のなかに登場してきます。たとえば、次のようなものがあります。

☞ジェーン・オースティンの『高慢と偏見』

　状況設定のところで、主人公の父親ベネット氏は家と土地を自分一代限り使える権利を相続していて、娘たちにはその相続権がなかったと書かれています（中野康司訳『高慢と偏見』［上］108頁）。これは「限嗣相続[95]」という制度です。当時のイギリスは、財産といえば土地で、土地からあがってくる地代等がいちばん大切なものでした。土地からの収入で家系を続けていくため、当主は、家族全体のために土地を所有し、家族にどう利益配分するかを差配していたのです。「限嗣相続」は、そのための条件を明確にするためのもので、次男等に生涯、不動産の利用権や地代収受権を与え、亡くなると当主が決めた別のものに権利が移るというものです。ベネッ

ジェーン・オースティン
（1775～1817年）

---

[95] 財産は一族のものであり、原則としてすべて長男子が相続する。一部の不動産について、一族の特定の者が、その者の代限りで使用する権利を相続する場合があり、その場合の相続を限嗣相続という。

ト氏の場合、従兄弟のコリンズ牧師のもとに権利が移るということになります。「限嗣相続」自体は信託ではありませんが、利益を享受する後継者がまだ生まれていない場合は信託を組み合わせないと財産を引き継ぐことができません。そこで当時は遺言や相続対策のなかで、信託を利用することがごく当たり前に行われていました。小説のなかでは、その点について詳しく書かれていないのでよくわかりませんが、信託が設定されていたかもしれません。ハドソン教授は、「オースティンの小説は信託の多様性によって成り立っている」[96]と述べています。

☞モリエール『病は気から』

フランスの劇作家モリエール最後の作品で、1673年に書かれたフランスの戯曲です。重い病に罹っていると思い込んだ主人公が若い後妻に財産を遺そうとするのですが、女性に相続権がないといわれて怒り出し、何

モリエール作『病は気から』の挿絵

か良い方法はないものかと公証人に聞いたところ、公証人は「遺言状によって、……おゆずりになりたいもののすべてを贈与する。……ご婦人の便宜を考えてお名前をお貸しいたしました、という一札をとっておくという方法です」と答えます（鈴木力衛訳『病は気から』35頁）。ここで、ローマの信託遺贈やゲルマンのザルマンに近い仕組みが述べられており、大陸法系の国でも信託類似の仕組みは庶民のなかで使われていたことを

---

[96] Alastair Hudson, "Great Debates in Equity and Trusts" P.76

うかがわせるエピソードといえましょう。

☞井原西鶴『日本永代蔵』より「初午は乗って来る仕合せ」

　日本にも信託類似の仕組みをストーリー展開に使っている例があります。大阪の水間寺(みずまでら)というお寺にまつわる話がそれです。水間寺には古くから初午の日（2月の最初の午(うま)の日）に参詣し、お金を借りるとご利益があるという言い伝えがありました（ただし、倍返ししなければならなかったそうです）。ある年の初午の日、20歳過ぎの質素な身なりをした男が水間寺へやってきて、「銭を一貫文貸してほしい」といいました。寺の役人は例のない高額で驚きましたが、きっと倍返しをしてくれるだろうと一貫文を渡したところ、男は借りたまま行方がわからなくなってしまいました。しかし、実はこの男、江戸の小網町のはずれで船問屋「網屋」を営んでいて、借りたお金で漁師たちに貸し付けようと大阪までやってきたのでした。江戸に戻った男は、「仕合丸(しあわせまる)」と書いた引出しに水間寺の銭を入れておき、漁に出る漁師たちに、これは水間寺で借りた縁起がいい

井原西鶴『日本永代蔵』より『初午は乗って来る仕合せ』

金だからといって貸し付けていたところ、その噂が広まりたいそう繁盛、13年後には8,192貫文にまで増えたので、男はこの銭をもって水間寺にお礼参りをしたという話です。これを米倉先生は、お金を「仕合丸」として分別管理していたこと、庶民にお金を貸して倍にして返してもらうという水間寺の考え出した仕組みを江戸で展開したこと、は信託につながるといえるのではないかとおっしゃっています[97]。

---

[97] 前掲注90・P.110−112

❿ 「契約か、信託か」フィデューシャリーの話

　フィデューシャリーとか、フィデューシャリー・デューティーという言葉を見聞きすることがあります。フィデューシャリーは、「信頼できる人」という意味のラテン語に由来しており、英米では、信託の受託者に求められる義務を信託受託者以外の人に対して拡大適用する際に「あなたはフィデューシャリーなのだから、受託者に求められるのと同じように、その義務を果たしなさい」といった文脈で使われ、独自の法理が発展してきました。たとえば、弁護士は依頼人に対して「フィデューシャリーなのだから、弁護活動のなかで知り得た情報を他の目的に利用したり、自分の個人的利益のために利用してはいけない」などというかたちで使われます。また会社の取締役も、「株主から会社経営を託されたフィデューシャリーなのだから、忠実にその職務を果たさなければならない」といわれることもあります。

　そこで本章は、フィデューシャリーについてわかりやすく解説してくれる本を取り上げ、フィデューシャリーについて学ぼうと思います。

樋口範雄著『フィデュシャリー「信認」の時代』

コウキ信くん　博士、近年、フランケル先生のフィデューシャリー・ローが翻訳されたり[98]、金融庁が2015（平成27）年の金融行政方針で金融機関にフィデューシャリー・デューティー（以下、FDと記す）の徹底を要請したりと[99]、フィデューシャリーという言葉がよく使われるよ

うになっていますね。この概念をもっとよく知りたいのですが、何かわかりやすく説明してくれている本はありませんか。

博　士　それじゃったら、樋口範雄教授の『フィデューシャリー「信認」の時代』[100]が良いじゃろう。出版されたのは1999年と少し古い本じゃが、樋口先生の文章はとてもわか
りやすいうえに、この本では、当時の日本ではなじみの薄かったフィデューシャリーという概念を、いろいろ比較することによって理解しやすく説明されておる。考え方を知るうえでは決して古くなったということはない。

コウキ信くん　へぇー、随分前からあったんですね。アメリカやイギリスではいつ頃からあったんですか。

博　士　イギリスは古くからあるぞ。ある学者によれば18世紀前半あたりからFD法理が発達したそうじゃ[101]。アメリカでFDの重要性を唱え続けたのはフランケル教授じゃが、フランケル教授は1983年にこのテーマに関する最初の論文[102]

98　タマール・フランケル著／溜箭将之監訳／三菱UFJ信託銀行Fiduciary Law研究会訳『フィデューシャリー——「託される人」の法理論—』（弘文堂、2014年）
99　金融庁HP「平成27事務年度　金融行政方針について」http://www.fsa.go.jp/news/27/20150918-1.html
100　樋口範雄著『フィデューシャリー「信認」の時代』（有斐閣、1999年）
101　Joshua Getzler, Rumford Market and the Genesis of Fiduciary Obligations, "*Mapping the Law*: Essays in Memory of Peter Birks," P.577（OUP 2006）

を書いている。著書"Fiduciary Law"（2010年）は、その集大成といえる本なのじゃ。

コウキ信くん　そのフィデューシャリーについて、樋口教授は、どのように説明、紹介されているのですか。

博　士　そうじゃった。脱線してしまったが、樋口教授は、誰かに何かを託す関係（Fiduciary Relationship）を信認関係と訳され、英米社会では、信託に限らずさまざまな状況が信認関係と認定されているとして、医者と患者の関係などを紹介しておられる。そのうえで、欧米社会の近代化は、身分関係をベースとする社会から、対等な個人による契約関係をベースとする社会となることで達成されたが、さらに進んで現代の社会は、医者や弁護士などの専門家に何かを任せ、より豊かになろうという社会、信認関係を活用する社会となってきたと指摘されている。そして、身分関係、契約関係と信認関係との違いを比較して説明しておられるのじゃ。

コウキ信くん　へぇ。信託は契約の一種だと思っていました。信託などの、「託し、託される関係」である信認関係は、

102　Tamar Frankel, Fiduciary Law, 71 California Law Review 795（1983）

"Fiduciary Law" と翻訳『フィデューシャリー「託される人」の法理論』の表紙。

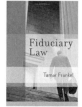

契約関係とは別物なのですか。信託契約という言葉がありますが、あれはおかしいということになるのでしょうか。

博士 そこなんじゃ。アメリカでも、イェール大学のラングバイン教授らは、信託は契約の一種である、したがって当事者間でどんな内容にも変更できるという考え方を唱えておられる。これに対し、ボストン大学のフランケル教授は、信託を契約と整理しても構わないとしつつ、一方で、対等な当事者間で行われる典型的な契約と信託とは異なる点がいくつかあることを指摘されておられる。その違いのなかに信託の良い点、特徴があるんじゃから、そうなると別の類型と考えたほうがよいと主張されているのじゃ。これを樋口教授が、「ラングバイン対フランケル論争」と、両者の考え方の違いを対比しつつわかりやすく説明してくださっておるから、理解がより深まると思うがのぉ。また注意義務、忠実義務といった信認義務に関するアメリカ法のトレンドも説明されていて、参考になる。

コウキ信くん 21世紀に入り、リーマン・ショックも経験したアメリカの最近の議論は、フランケル教授の本に反映されているのですよね。

博士 そうじゃ。フランケル教授の本では、その後も「信認関係」とされる場面がますます拡大したことや、そこでどんな問題が起きているかを教えてくれておるんじゃ。

コウキ信くん ところで博士、ラングバイン教授とフランケル教授の論争は、結局どちらが勝ったんですか。

博士 学者の議論じゃから、どちらかに軍配があが

るということはあまりない。昔のイギリスでは、契約はコモンロー裁判所が管轄し、信託はエクイティ裁判所が管轄しておったから、伝統的な考え方、法の厳密な意味からすればフランケル教授が主張されるようになる。この点、日本では当事者の取決めもすべて契約と考えるから区別がつきにくいが、英米では、契約（contract）と合意（agreement）は厳密にいえば区別しなければいかんといわれておる。それに信託の場合、日本でもそうじゃが、遺言や一方的な宣言でも設立するし、さらに英米では黙示の信託や当事者の一定の関係が信託と擬制されることもあるから、信託は契約と一律に断ずるのはやや乱暴かもしれん。ラングバイン教授も、信託の契約的要素を強調し、当事者がより満足できるよう現代化すべきと主張されておると理解したほうがよいかもしれんのぉ。

　近年、フィデューシャリーという概念は、金融機関に対して使われることがしばしばあります。これは、投資商品の製造・販売・勧誘に携わる者は、厳密にいえば信託法で定める信託受託者ではありませんが、財産の管理・運用を多くの人々から託されているという点で、フィデャーシャリーとみなすことができるとして、顧客の利益を最善のものとするように行動することが求められるというものです。フランケル教授は、「みえないところでこっそり利益をあげているとか、知らないところで務めをおろそかにして自分の個人的利益を追求していることが

わかったら、人々はそのような仕組みを利用しなくなる。安心して託せる仕組みが機能している社会が人々を豊かにする」と主張しています。豊かになれば、フィデューシャリーもより利用されることになりますから、利益を享受する人だけでなく、担い手にとっても最終的に利益をもたらすものであるということです。現代社会は、高度に分業化が進み、自分一人だけで生きていくことは非常にむずかしく、何らかのかたちで他人の力を借りて、生きて行かざるをえません。投資商品の製造・販売・勧誘に携わる者にフィデューシャリー・デューティーを求めようとするのはある意味必然なのかもしれません。

著者略歴

友松義信(ともまつ よしのぶ)

　1958年4月4日生まれ。

　1983年三菱信託銀行(現三菱UFJ信託銀行)入社。

　不動産管理部長、監査役室長を経て、2015年より三菱UFJ信託銀行 信託博物館事務局長。

　2012年から2015年まで専修大学大学院経済学部研究科客員教授。

(主な論文・著書)
・「信託受託者の開示義務と守秘義務の関係」(民商法雑誌118巻6号、119巻1号)
・「信託銀行のチャイニーズ・ウォール」(NBL820号)
・「信託銀行の利益相反法理に関する考察」(金融法務事情1964〜1966号)
・『不動産証券化の危機対応』(共同執筆)(金融財政事情研究会・2010年)
・『フィデューシャリー──「託される人」の法理論』(翻訳に参画)(弘文堂・2014年)
・『信託入門』(金融財政事情研究会・2014年)
・「商事分野における個人の信託」(ジュリストNo.1520)

本書は、三菱UFJ信託銀行 信託博物館の付属資料室に所蔵する書籍のなかから、さまざまな信託に関する本を通して、信託に関する歴史、エピソードを簡単に紹介するものです。
　文中、意見・見解に及ぶ部分は、筆者の所属する企業のものではなく、筆者個人のものであることをお断りいたします。

　　　　三菱UFJ信託銀行　信託博物館事務局長　友松義信

信託の世界史
──10のテーマで学ぶ信託とフィデューシャリー・デューティーの起源

| 2018年9月28日 | 第1刷発行 |
| 2018年10月26日 | 第2刷発行 |

著 者 友 松 義 信
発行者 倉 田　　勲
印刷所 三松堂印刷株式会社

〒160-8520　東京都新宿区南元町19
発　行　所　一般社団法人 金融財政事情研究会
企画・制作・販売　株式会社きんざい
　　出 版 部　TEL 03(3355)2251　FAX 03(3357)7416
　　販売受付　TEL 03(3358)2891　FAX 03(3358)0037
　　　　　　　URL https://www.kinzai.jp/

・本書の内容の一部あるいは全部を無断で複写・複製・転載すること、および磁気または光記録媒体、コンピュータネットワーク上等へ入力することは、法律で認められた場合を除き、著作者および出版社の権利の侵害となります。
・落丁・乱丁本はお取替えいたします。定価はカバーに表示してあります。

ISBN978-4-322-13286-1